Collection folio junior

dirigée par
Jean-Olivier Héron
et Pierre Marchand

IKAYA
LA FORTERESSE DE GLAC
LA CHAINE DE HROD
LA BANQUISE DE HROD
LE DÉFILÉ DE LA TEMPETE
HROD
LES MONTS DE VIAD
LE GLACIER DE VIAD
LA PLAINE DE HROD
LE MONT DES BRUMES
CHAINE DE LIOUK
LE ROC
ILE DE SYEM
LIOUK
BANQUISE DE LIOUK
HALLE
DÉTROIT DE LIOUK
KRIE
TOLA
LIMITES DE LA BANQUISE D'
LA MER DE KALTE
BROKA
ANSKAVEN
THET
EGEN

LES ESPACES INEXPLORÉS
ES MONTS MYJAVIK
LA CHAINE DE KLIOU
LA BANQUISE DE DRYGGA
A BANQUISE DE KLIOU
SERTS
S DE
te
LOF
LE MONT DES BRUMES
IKAYA LA FORTERESSE DE GLACE
ÉCHELLE EN KILOMETRES
0
150
0 25 50 75 100 125 150

Loup Solitaire

Une série de cinq livres dont VOUS êtes le héros. Cinq aventures qui peuvent être jouées séparément, ou comme les cinq épisodes d'une grande épopée.

Déjà parus

Les Maîtres des Ténèbres
La Traversée Infernale
Les Grottes de Kalte
Le Gouffre Maudit

Titre original :
The Caverns of Kalte

Joe Dever

Les Grottes de Kalte

Loup Solitaire /3

Traduit de l'anglais
par Camille Fabien

Illustrations de Gary Chalk

Gallimard

FEUILLE D'AVENTURE

DISCIPLINES KAI

NOTES

DISCIPLINES KAI
1
2
3
4
5

DISCIPLINES KAI SUPPLÉMENTAIRES

DISCIPLINES KAI SUPPLÉMENTAIRES
6 **6e Discipline : si vous avez accompli avec succès une mission.**
7 **7e Discipline : si vous avez déjà accompli avec succès deux missions.**

SAC A DOS (8 objets max.)	
1	REPAS 3
2	
3	– 3 P.E. si vous n'avez pas de repas lorsqu'il vous faut manger.
4	BOURSE (50 Pièces d'Or maximum)
5	
6	
7	
8	

(Objets Spéciaux indiqués deux pages plus loin)

P.H. = POINTS D'HABILETÉ

P.E. : POINTS D'ENDURANCE

HABILETÉ	ENDURANCE
	Ne peut jamais dépasser votre total de départ. (0 = mort)

DÉTAIL DES COMBATS

ENDURANCE		ENDURANCE
LOUP SOLITAIRE	QUOTIENT D'ATTAQUE	ENNEMI
LOUP SOLITAIRE	QUOTIENT D'ATTAQUE	ENNEMI
LOUP SOLITAIRE	QUOTIENT D'ATTAQUE	ENNEMI
LOUP SOLITAIRE	QUOTIENT D'ATTAQUE	ENNEMI
LOUP SOLITAIRE	QUOTIENT D'ATTAQUE	ENNEMI
LOUP SOLITAIRE	CO	

OBJETS SPÉCIAUX ET LISTE DES ARMES

DESCRIPTION	EFFETS

ARMES (2 armes maximum)
1
2
Combat livré avec une Arme et la Maîtrise de cette arme : + 2 P.H. Combat livré sans Arme : — 4 P.H.

Règles du jeu

Vous trouverez au début de ce livre une *Feuille d'Aventure* sur laquelle vous inscrirez tous les détails de votre quête. Il est conseillé d'en faire des photocopies qui vous permettront de jouer plusieurs fois.

Au cours de l'initiation qui vous a permis de devenir un Seigneur Kaï, vous avez acquis une force exceptionnelle ; les deux éléments essentiels de cette force sont représentés par votre HABILETÉ et votre ENDURANCE . Avant d'entreprendre votre mission, il vous faudra mesurer exactement le degré d'efficacité de votre entraînement. A cet effet, vous devrez placer devant vous la *Table de Hasard* qui se trouve à la fin du livre, fermer les yeux et pointer l'extrémité non taillée d'un crayon sur l'un des chiffres de la *Table* en laissant faire le hasard. Si votre crayon désigne le chiffre 0, vous n'obtenez aucun point.

Le premier chiffre que votre crayon aura montré sur la *Table de Hasard* représentera votre HABILETÉ . Ajoutez 10 à ce chiffre et inscrivez le total obtenu dans la case HABILETÉ de votre *Feuille d'Aventure*. (Si par exemple votre crayon indique le chiffre 4 sur la *Table de Hasard,* vos points d'HABILETÉ seront de 14). Lorsque vous aurez à combattre, il faudra mesurer votre HABILETÉ à celle de votre adversaire. Il est donc souhaitable que votre total d'HABILETÉ soit le plus élevé possible.

Le deuxième chiffre que votre crayon désignera sur la *Table de Hasard* représentera votre capacité d'ENDURANCE. Ajoutez 20 à ce chiffre et inscrivez le total obtenu dans la case ENDURANCE de votre *Feuille d'Aventure.* (A titre d'exemple, si votre crayon indique le chiffre 6 sur la *Table de Hasard,* le total de vos points d'ENDURANCE sera de 26).

Si vous êtes blessé lors d'un combat, vous perdrez des points d'ENDURANCE et si jamais votre ENDURANCE tombe à zéro, vous saurez alors que vous venez d'être tué et que votre aventure est terminée. Au cours de votre mission, vous aurez la possibilité de récupérer des points d'ENDURANCE mais votre total d'ENDURANCE ne pourra en aucun cas dépasser celui dont vous disposiez au départ de votre mission.

Si vous avez mené avec succès l'une ou l'autre des précédentes aventures de la série du Loup Solitaire, vos points d'HABILETÉ et d'ENDURANCE vous sont déjà connus et vous savez également quelles sont les Disciplines Kaï que vous maîtrisez. C'est avec ces mêmes éléments que vous entreprendrez votre quête dans ce troisième volume. Vous pourrez aussi emporter dans cette nouvelle aventure les armes et les objets qui se trouvaient en votre possession à la fin de votre dernière mission : vous devrez alors les inscrire en détail sur votre *Feuille d'Aventure* (rappelez-vous cependant que vous n'avez toujours pas droit à plus de deux armes et huit objets contenus dans votre Sac à Dos.)

Pour chaque aventure du Loup Solitaire que vous aurez menée avec succès, vous aurez le droit d'ajouter une Discipline Kaï supplémentaire à votre *Feuille d'Aventure :* si vous êtes déjà un familier de la série du Loup Solitaire, reportez-vous à présent à la rubrique équipement de ce troisième volume et lisez-la attentivement.

Les Disciplines Kaï

Au cours des siècles, les moines Kaï ont appris à maîtriser toutes les techniques du guerrier. Ces techniques sont connues sous le nom de Disciplines Kaï et enseignées aux Seigneurs Kaï. Vous avez, quant à vous, le rang d'Initié, ce qui signifie que vous maîtrisez cinq des techniques décrites ci-dessous.

Il vous appartient de choisir vous-même ces cinq Disciplines. Chaque Discipline Kaï peut vous être utile à un moment ou à un autre de votre quête et votre choix devra être le plus judicieux possible ; dans certaines circonstances, une habile mise en pratique de l'une de ces techniques peut vous sauver la vie.

Lorsque vous aurez choisi vos cinq Disciplines, inscrivez-les dans la case correspondante de votre *Feuille d'Aventure*.

Le Camouflage

Cette technique permet au Seigneur Kaï de se fondre dans le paysage. A la campagne, il peut se cacher parmi les arbres et les rochers et se rendre de cette façon invisible à l'ennemi même s'il passe tout près de lui. Dans une ville, cette Discipline donnera à celui qui l'utilise la faculté d'avoir l'air d'un habitant du cru, tant par l'apparence que par l'accent ou la langue employée. On peut ainsi trouver un abri où se cacher en toute sécurité.
Si vous choisissez cette technique, inscrivez Camouflage sur votre *Feuille d'Aventure*.

La Chasse

Cette discipline donne au Seigneur Kaï l'assurance qu'il ne mourra jamais de faim même s'il se trouve dans un environnement hostile. Il aura toujours la possibilité de chasser pour se procurer de la nourriture, sauf dans les déserts et les autres régions arides. Il vous faut savoir que dans sa plus grande partie, le pays de Kalte est un désert glacé et que rares sont les possibilités d'y faire bonne chasse. Cette technique, cependant, se révélera très utile car elle permet à un Seigneur Kaï de se déplacer très vite et avec une grande agilité.
Si vous choisissez cette Discipline, inscrivez Chasse sur votre *Feuille d'Aventure*.

Le Sixième Sens

Grâce à cette technique, le Seigneur Kaï devine les dangers imminents qui le menacent. Ce Sixième Sens peut également lui révéler les intentions véritables d'un inconnu ou la nature

d'un objet étrange rencontré au cours d'une aventure.
Si vous choisissez cette Discipline, inscrivezSixième Sens sur votre *Feuille d'Aventure.*

L'Orientation

Chaque fois qu'il se trouvera dans l'obligation de décider quelle direction il doit prendre, le Seigneur Kaï fera toujours le bon choix grâce à cette technique. Il saura ainsi quel chemin il convient d'emprunter dans une forêt et il pourra également, dans une ville, découvrir l'endroit où sont cachés une personne ou un objet. Par ailleurs, il saura interpréter chaque trace de pas, chaque empreinte qui pourraient lui permettre de remonter une piste.
Si vous choisissez cette Discipline, inscrivez Orientation sur votre *Feuille d'Aventure*.

La Guérison

Cette Discipline donne la faculté de récupérer des points d'ENDURANCE perdus lors d'un combat. Si vous maîtrisez cette technique, vous pourrez ajouter un point d'ENDURANCE à votre total à chaque fois qu'il vous sera possible d'aller d'un bout à l'autre d'un paragraphe sans avoir à combattre un ennemi. (Vous n'aurez le droit d'utiliser cette technique de la Guérison que lorsque vos points d'ENDURANCE seront tombés au-dessous de votre *total initial.* Rappelez-vous que vos points d'ENDURANCE ne peuvent en aucun cas excéder votre *total de départ)*.
Si vous choisissez cette Discipline, inscrivez sur votre *Feuille d'Aventure* : Guérison ; un point d'ENDURANCE pour chaque paragraphe parcouru sans combat.

La Maîtrise des Armes

En entrant au monastère Kaï, chaque élève a la possibilité d'être initié au maniement d'une arme. Si vous choisissez d'avoir la Maîtrise d'une arme, utilisez la *Table de Hasard* à la manière habituelle pour obtenir un chiffre qui correspondra, dans la liste ci-dessous, à l'arme dont on vous aura enseigné le maniement. Vous aurez dès lors la parfaite Maîtrise de cette arme et chaque fois que vous combattrez avec elle, vous aurez droit à deux points d'HABILETÉ supplémentaires.

0 : LE POIGNARD

1 : LA LANCE

2 : LA MASSE D'ARME

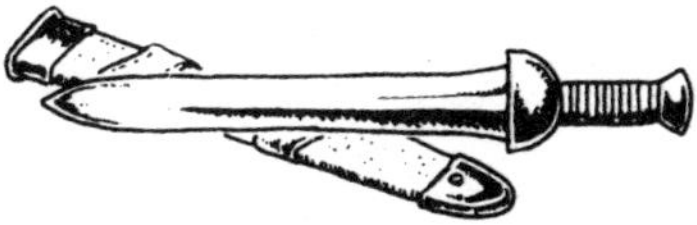

3 : LE SABRE

4 : LE MARTEAU DE GUERRE

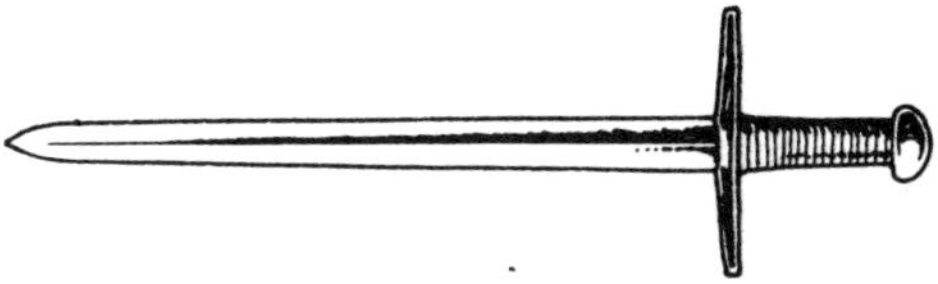

5 : L'ÉPÉE

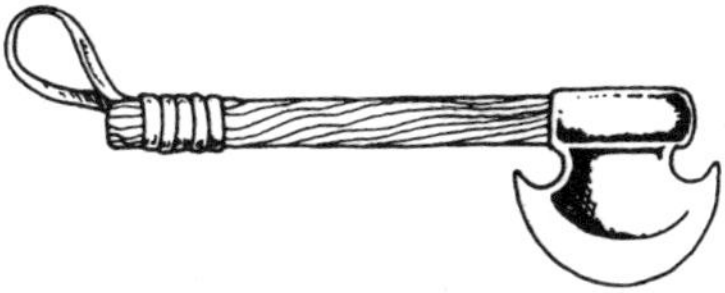

6 : LA HACHE

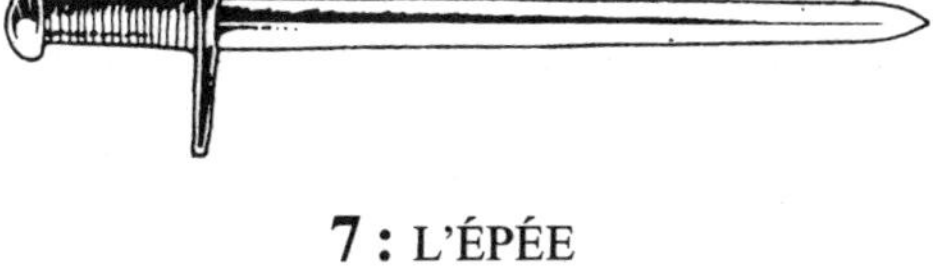

7 : L'ÉPÉE

8 : LE BÂTON

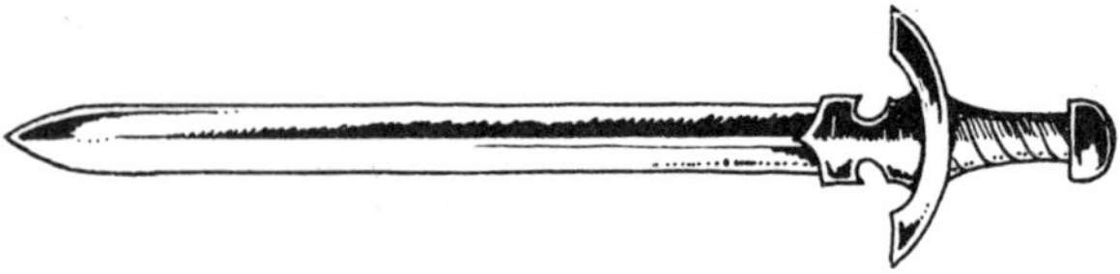

9 : LE GLAIVE

Le fait que vous ayez la Maîtrise d'une arme ne signifie nullement que vous disposerez de cette arme dès le début de votre aventure ; au cours de celle-ci, cependant, l'occasion vous sera donnée de vous la procurer. Vous pourrez d'ailleurs acquérir diverses armes au long de votre quête mais vous n'aurez pas le droit d'en posséder plus de deux à la fois.
Si vous choisissez cette Discipline, inscrivez sur votre *Feuille d'Aventure* : Maîtrise de... (ici, le nom de l'arme) ; deux points d'HABILETÉ supplémentaires chaque fois qu'il en sera fait usage.

Bouclier Psychique

Vonotar et nombre des créatures malfaisantes qui lui obéissent ont la faculté de vous porter atteinte en faisant usage de leur force psychique. La technique du Bouclier Psychique vous permet cependant de ne pas perdre de points d'ENDURANCE lorsque vous vous trouvez soumis à une telle agression.

Si vous choisissez cette Discipline, inscrivez sur votre *Feuille d'Aventure* : Bouclier Psychique ; pas de perte d'ENDURANCE en cas d'agression mentale.

Puissance Psychique

Cette technique permet au Seigneur Kaï d'attaquer un ennemi en se servant de la force de son esprit : on peut l'utiliser en même temps qu'une arme de combat habituelle et l'on dispose alors de deux points supplémentaires d'HABILETÉ. Cette Puissance Psychique, cependant, n'est pas forcément efficace avec toutes les créatures : il se peut que certaines d'entre elles y soient insensibles. Si le cas se présente, vous en serez averti au cours de votre mission.
Si vous choisissez cette Discipline, inscrivez sur votre *Feuille d'Aventure :* Puissance Psychique ; deux points d'HABILETÉ supplémentaires.

Communication Animale

Grâce à cette technique, un Seigneur Kaï peut communiquer avec certains animaux et deviner les intentions de certains autres.
Si vous choisissez cette Discipline, inscrivez Communication Animale sur votre *Feuille d'Aventure*.

Maîtrise Psychique de la Matière

C'est une technique qui donne à un Seigneur Kaï la faculté de déplacer de petits objets par le simple pouvoir de sa concentration mentale.
Si vous choisissez cette Discipline, inscrivez Maîtrise Psychique de la Matière sur votre *Feuille d'Aventure*.
Si vous remplissez avec succès la mission qui

vous est confiée dans ce livre numéro 3, vous aurez la possibilité de choisir une Discipline Kaï supplémentaire lorsque vous établirez la *Feuille d'Aventure* du livre numéro 4. Cette nouvelle Discipline viendra s'ajouter aux six ou sept autres (selon les cas) auxquelles vous avez déjà droit ; vous disposerez également des objets que vous aurez pu acquérir au cours des aventures vécues dans les livres numéro 1, 2 et 3. Vous pourrez alors inscrire tous ces éléments sur votre *Feuille d'Aventure* avant d'entreprendre la mission qui vous sera confiée dans le prochain volume de la série du Loup Solitaire. Cette nouvelle aventure aura pour titre : Le Gouffre Maudit.

ÉQUIPEMENT

Avant que vous ne quittiez le port d'Anskaven, situé sur la côte nord du Sommerlund, on vous escorte jusqu'à l'Hôtel de Ville pour vous y remettre un équipement composé de bottes spécialement adaptées au climat polaire, d'une tunique, d'une cape doublée de fourrure et de moufles. On vous donne également une carte du pays de Kalte (voir en tête de ce volume) ainsi qu'une bourse contenant des Pièces d'Or. Pour savoir combien de Pièces cette bourse contient, utilisez la *Table de Hasard* pour obtenir un chiffre. Ajoutez 10 à ce chiffre : vous connaîtrez

alors le nombre de Pièces d'Or dont vous disposez. Inscrivez ce nombre dans la case Pièces d'Or de votre *Feuille d'Aventure*. (Si vous avez mené avec succès les aventures précédentes de la série du Loup Solitaire, vous avez le droit d'ajouter les Pièces que l'on vient de vous donner à celles que vous possédez peut-être déjà. Mais n'oubliez pas que vous ne pouvez pas emporter avec vous plus de cinquante Pièces d'Or).
Avant de partir, on vous offre un choix d'objets. Vous ne pouvez en prendre que deux dans la liste ci-dessous. Ils viendront s'ajouter à ceux que vous aviez éventuellement en votre possession à l'issue d'une précédente aventure, mais souvenez-vous que vous n'avez toujours droit qu'à deux armes. Voici la liste :

ÉPÉE : (case Armes de votre *Feuille d'Aventure)*.
SABRE : (Armes).
GILET DE CUIR MATELASSÉ : (Objets Spéciaux). Ce gilet vous donne droit à 2 points d'ENDURANCE supplémentaires.

LANCE : (Armes).
MASSE D'ARME : (Armes).
MARTEAU DE GUERRE : (Armes).
HACHE : (Armes).

POTION DE LAUMSPUR : (Objets contenus dans votre Sac à Dos). Cette potion vous rendra 4 points d'ENDURANCE lorsque vous la boirez à la fin d'un combat. Le flacon que l'on vous donne n'en contient qu'une seule dose.

BATON : (Armes).

RATIONS SPÉCIALES : (Repas). Elles comptent pour un Repas (reportez-vous à la rubrique « Nourriture » en page 24 avant de décider si vous les prenez ou non.

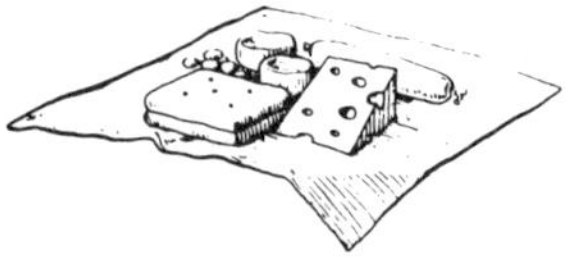

GLAIVE : (Armes).

Inscrivez sur votre *Feuille d'Aventure* les deux objets que vous avez choisis en prenant soin de les mettre dans les cases indiquées entre parenthèses, et notez l'effet éventuel que l'un ou l'autre peut avoir sur vos points d'ENDURANCE.

Répartition de l'équipement

A présent que vous disposez de votre équipement, il vous faut savoir comment il se répartit afin que vous puissiez le transporter plus aisément. Il n'est pas nécessaire de prendre des notes à ce sujet, vous vous contenterez, en cas de besoin, de vous référer aux indications données dans la liste ci-dessous.

L'ÉPÉE : vous la portez à la main.
LE SABRE : vous le portez à la main.
LE GILET DE CUIR MATELASSÉ : vous le portez sur vous.
LA LANCE : portée à la main.
MASSE D'ARMES : portée à la main.
MARTEAU DE GUERRE : porté à la main.
HACHE : portée à la main.
POTION DE LAUMSPUR : elle est rangée dans votre Sac à Dos.
BATON : porté à la main.
RATIONS SPÉCIALES : elles sont rangées dans votre Sac à Dos.
LE GLAIVE : porté à la main.

Combien d'objets pouvez-vous transporter ?

Armes

Vous ne pouvez pas emporter plus de deux armes.

Objets contenus dans votre Sac à Dos

Ils doivent obligatoirement être rangés dans le Sac à Dos, mais la place y est comptée et vous ne pouvez y transporter que huit objets (Repas inclus).

Objets Spéciaux

Les objets spéciaux ne sont pas rangés dans votre Sac à Dos. Lorsque vous aurez la possibilité d'acquérir l'un de ces Objets Spéciaux, il vous sera indiqué de quelle manière il convient de le transporter.

Pièces d'Or

Elles sont toujours rangées dans la bourse attachée à votre ceinture. Cette bourse ne peut pas contenir plus de cinquante Pièces d'Or en tout.

Nourriture

Vous transportez votre nourriture dans votre Sac à Dos et chaque Repas compte pour un objet.

Tous les objets qui peuvent vous être utiles et que vous aurez la possibilité d'acquérir au cours de votre aventure sont indiqués avec leur initiale en lettre capitale. Chaque fois que vous déciderez d'emporter l'un de ces objets avec vous, il vous faudra l'inscrire sur votre *Feuille d'Aventure*. Ces acquisitions seront rangées dans votre Sac à Dos sauf s'il vous est spécifié qu'il s'agit d'un Objet Spécial.

Comment utiliser votre équipement ?

Armes

Les armes vous aident à combattre vos ennemis. Si vous avez choisi la discipline de la Maîtrise des Armes et que vous disposiez de l'arme qui vous a été attribuée par la *Table de Hasard,* vous aurez le droit d'ajouter 2 points à votre total d'HABILETÉ. Si vous êtes obligé de combattre sans arme, vous devrez déduire 4 points de votre total d'HABILETÉ et vous battre à mains nues. Si vous découvrez une arme au cours de votre aventure, vous pouvez la garder et l'utiliser, mais rappelez-vous que vous n'avez pas le droit de posséder plus de deux armes à la fois.

Objets contenus dans votre Sac à Dos

Au cours de votre quête, vous découvrirez divers objets qui pourraient se révéler utiles et que vous souhaiterez peut-être conserver (rappelez-vous que vous ne pouvez jamais transporter plus de huit objets dans votre Sac à Dos). Vous avez le droit à tout moment d'échanger l'un de ces objets ou tout simplement de vous en débarrasser, mais il vous est interdit de le faire lorsque vous êtes engagé dans un combat.

Objets Spéciaux

Chacun de ces objets possède des propriétés bien particulières. Parfois, ces propriétés vous seront décrites au moment même de la découverte de l'objet, d'autres fois, il vous faudra attendre qu'elles se révèlent au cours de votre aventure.

Pièces d'Or

La monnaie officielle dans le royaume du Sommerlund est la Couronne qui se présente sous la forme d'une petite pièce d'or. L'or est particulièrement précieux dans le pays de Kalte et vos Couronnes vous seront très utiles au cours de votre mission, notamment pour corrompre certains personnages peu scrupuleux.

Nourriture

En plus de votre tente et du reste de votre équipement, vous disposez - soigneusement rangée dans votre traîneau - de suffisamment de nourriture pour toute la durée de votre voyage. Mais s'il arrivait que, pour une raison quelconque, ces provisions (ou celles qui se trouveraient éventuellement dans votre Sac à Dos) ne soient pas disponibles au moment où il vous est recommandé de prendre un Repas, vous perdriez aussitôt 3 points d'ENDURANCE. Comme, d'autre part, le pays de Kalte est un désert glacé, il vous sera impossible de recourir à la Discipline Kaï de la Chasse pour vous procurer de quoi manger (voir le paragraphe Chasse à la rubrique des Disciplines Kaï).

Potion de Laumspur

C'est une potion de guérison qui vous permet de reprendre 4 points d'ENDURANCE lorsque vous la buvez à l'issue d'un combat. Vous disposez d'un flacon qui contient une seule dose. Si, au cours de votre quête, vous veniez à découvrir d'autres potions, leurs effets vous seraient indiqués en temps utile. Toutes les potions font partie des objets contenus dans votre Sac à Dos.

Règles de combat

Au cours de votre mission, vous aurez parfois à combattre un ennemi. Le texte vous précisera en chaque circonstance quels sont les points d'HA

BILETÉ et d'ENDURANCE de l'ennemi en question. Le Loup Solitaire (c'est-à-dire vous-même) devra alors s'efforcer de tuer son adversaire en réduisant à zéro les points d'ENDURANCE de ce dernier, tout en essayant lui-même de perdre le moins possible de points d'ENDURANCE au cours de l'affrontement.

Au début de chaque combat, inscrivez le total d'ENDURANCE du Loup Solitaire, ainsi que celui de l'ennemi sur votre *Feuille d'Aventure*. Ces indications devront être portées dans la case Compte Rendu des Combats.

Chaque affrontement se déroule de la manière suivante :

1. Ajoutez à votre total d'HABILETÉ les points supplémentaires que certaines Disciplines Kaï peuvent vous donner.

2. Soustrayez du total ainsi obtenu les points d'HABILETÉ de votre adversaire. Le résultat de cette soustraction vous donnera un *Quotient d'Attaque*. Inscrivez-le sur votre *Feuille d'Aventure*.

Exemple

Imaginons que le Loup Solitaire dispose d'un total d'HABILETÉ de 15 et qu'il soit attaqué par un Diable Volant dont les points d'HABILETÉ s'élèvent à 20 : le Loup Solitaire n'a aucune possibilité de fuite, il lui faut combattre la créature qui fond sur lui. Admettons alors que le Loup Solitaire ait choisi la Discipline Kaï de la Puissance Psychique contre laquelle le Diable Volant n'est pas protégé ; dans ce cas, le Loup Solitaire ajoutera 2 points à son total d'HABILETÉ qui atteindra donc 17.

Il retranchera ensuite le total d'HABILETÉ du Diable Volant de son propre total, ce qui lui donnera un *Quotient d'Attaque* de — 3 (17 — 20 = — 3). Il faudra alors inscrire — 3 dans la case *Quotient d'Attaque* de la *Feuille d'Aventure.*

3. Lorsque vous connaissez votre *Quotient d'Attaque,* utilisez la *Table de Hasard* à la manière habituelle pour obtenir un chiffre.

4. Reportez-vous ensuite à la *Table des Coups Portés* qui figure à la fin de ce livre. Sur la ligne supérieure de cette *Table* sont indiqués les *Quotients d'Attaque.* Trouvez le *Quotient* que vous avez calculé, puis descendez la colonne au-dessous jusqu'à la case située à l'intersection de la ligne horizontale correspondant au chiffre obtenu à l'aide de la *Table de Hasard* (ces chiffres sont indiqués sur le côté gauche de la *Table des Coups Portés).* Vous connaîtrez ainsi le nombre de points d'ENDURANCE que l'ennemi et le Loup Solitaire auront chacun perdu lors de cet Assaut. (La lettre *E* vous donne les points d'ENDURANCE perdus par l'ennemi, les lettres *LS,* ceux perdus par le Loup Solitaire).

Exemple

Le *Quotient d'Attaque* entre le Loup Solitaire et le Diable Volant était de — 3. Admettons que le chiffre donné par la *Table de Hasard* soit 6. Le résultat du premier Assaut sera alors le suivant :
Le Loup Solitaire perd 3 points d'ENDURANCE.
Le Diable Volant perd 6 points d'ENDURANCE.

5. Après chaque Assaut, notez sur la *Feuille d'Aventure* les modifications intervenues dans

le total d'ENDURANCE de chaque adversaire.

6. A moins que des indications différentes ne vous soient données, ou que vous ayez la possibilité de prendre la fuite, un nouvel Assaut devra ensuite être mené.

7. Reprenez le déroulement des opérations à partir de l'étape numéro 3.

Le combat se poursuit jusqu'à ce que le total d'ENDURANCE de l'ennemi ou du Loup Solitaire ait été réduit à zéro ; celui qui a perdu tous ses points d'ENDURANCE est alors considéré comme mort. Si c'est le Loup Solitaire, - c'est-à-dire vous - qui a succombé, l'aventure est terminée. Si c'est l'ennemi qui est tué, le Loup Solitaire peut poursuivre sa mission mais avec un total d'ENDURANCE moins élevé.

Possibilités de fuite

Au cours de votre aventure, la possibilité d'échapper à un combat vous sera parfois accordée. Si vous avez déjà engagé un Assaut et que vous décidiez de prendre la fuite, menez d'abord cet Assaut à son terme en observant les règles habituelles. Mais votre adversaire ne perdra alors aucun point d'ENDURANCE. Vous seul, le Loup Solitaire, perdrez le nombre de points indiqué par la *Table des Coups Portés*. Vous pourrez ensuite vous enfuir après avoir payé votre couardise par la réduction de votre total d'ENDURANCE. Mais rappelez-vous que vous n'aurez le droit de prendre la fuite que si vous y êtes autorisé ; les précisions nécessaires vous seront fournies à chaque fois.

NIVEAUX D'ENTRAINEMENT KAI

Le tableau ci-dessous vous indique les divers rangs et titres qui sont accordés aux Seigneurs Kaï à chaque étape de leur entraînement. A chaque fois que vous aurez accompli avec succès une mission de la série du Loup Solitaire, vous aurez la maîtrise d'une Discipline Kaï supplémentaire et vous pourrez ainsi accéder progressivement à la connaissance complète des Dix Disciplines Kaï.

Nombre de Disciplines maîtrisées par le Seigneur Kaï	Titre correspondant
1	Postulant
2	Novice
3	Apprenti
4	Disciple
5	Initié (c'est le rang que vous avez quand vous entreprenez pour la première fois une aventure du Loup Solitaire)
6	Aspirant
7	Gardien
8	Guerrier ou Compagnon
9	Savant
10	Maître

En plus de ces Disciplines fondamentales, il existe des Disciplines secrètes d'ordre supérieur connues sous le nom de « Magnakaï ». En acquérant la sagesse du Magnakaï, un Seigneur

Kaï peut progresser vers la Maîtrise Suprême et devenir un Grand Maître Kaï.

LA SAGESSE KAI

Votre mission sera infiniment périlleuse, car les terres de Kalte sont glaciales et hostiles et votre ennemi est passé maître dans l'art de la fourberie. Servez-vous de la carte qui figure au début de l'ouvrage pour établir votre itinéraire jusqu'à la Forteresse de Glace d'Ikaya. Prenez des notes à mesure que vous progresserez dans votre quête, elles vous seront profitables lors de futures missions.

Vous allez découvrir des objets qui vous seront d'une grande aide dans le déroulement de votre aventure. Certains Objets Spéciaux pourront vous servir lorsque vous entreprendrez d'autres missions du Loup Solitaire, dans les livres suivants, mais il arrivera également qu'un objet qui vous paraissait utile se révèle par la suite tout à fait inefficace. Aussi devrez-vous choisir avec discernement les objets que vous déciderez d'emporter avec vous.

De nombreux chemins mènent à la Forteresse de Glace d'Ikaya, mais un seul vous permettra de capturer Vonotar et de revenir avec lui au Sommerlund en courant un minimum de risques. Pour réussir votre mission, il vous faudra faire preuve d'un grand courage et choisir judicieusement les Disciplines Kaï que vous souhaitez maîtriser. Vous pourrez alors parvenir avec succès au terme de votre aventure même si vos points d'HABILETÉ et d'ENDURANCE sont faibles. Il n'est pas indispensable, pour mener cette

quête, d'avoir accompli les missions précédentes de la série du Loup Solitaire. Vous pouvez en effet vous lancer dans cette aventure sans avoir vécu les épisodes passés.
La trahison dont votre pays a été victime sera vengée si vous parvenez à ramener le traître devant les juges qui lui feront payer le prix de ses forfaits.
Alors, bonne chance !

Vonotar le Traître

Au nord du royaume du Sommerlund, il est de tradition depuis des siècles d'envoyer les fils des Seigneurs de la Guerre au monastère Kaï. C'est là qu'on leur enseigne l'art et la science de leurs nobles ancêtres.

Vous êtes le Loup Solitaire et le dernier Seigneur de la Guerre que compte encore le Sommerlund. Il y a un an, les ennemis irréductibles de votre peuple - les Maîtres des Ténèbres d'Helgedad - ont envahi le royaume par surprise et complètement détruit le monastère Kaï. Tous les Guerriers Kaï qui y étaient rassemblés pour préparer la fête de Fehrman ont été massacrés. Vous avez été le seul à échapper à la tuerie.

Vous avez alors regagné Holmgard, la capitale, en bravant bien des périls et le roi vous a aussitôt confié une mission : vous rendre dans le royaume ami de Durenor pour y demander une aide urgente de vos alliés. Là encore, vous avez dû affronter d'innombrables dangers, car le Sommerlund avait été trahi par l'un de ses propres mages, Vonotar le Traître. Ses agents cherchaient toutes les occasions de vous tuer, mais votre intelligence et votre force ont eu raison de leur malfaisance. Vous êtes donc revenu à Holmgard à la tête d'une puissance flotte - celle de vos alliés de Durenor - et l'armée des Maîtres des Ténèbres qui assiégeait la capitale a été mise en déroute.

Une grande partie du Sommerlund fut détruite par le conflit. De riches terres arables n'étaient plus qu'étendues désolées et plusieurs villes se trouvèrent entièrement rasées. Mais les Sommerlundois sont un peuple courageux et l'énorme tâche de reconstruction qu'ils avaient à accomplir ne les effrayait pas. Ils entreprirent donc de rebâtir le Sommerlund dévasté avec une telle détermination qu'à présent, un an plus tard, les traces de la guerre ont presque complètement disparu.

Pour vous récompenser du rôle essentiel que vous avez joué dans la victoire, le roi vous a accordé le rang et le titre de « Novicomte du Sommerlund », une distinction rare pour quelqu'un d'aussi jeune. Les ruines du monastère Kaï et la plupart des terres qui l'environnent sont à présent un « Novicomté » placé sous votre protection.

Les travaux de reconstruction du monastère étaient sur le point de commencer lorsque des nouvelles inquiétantes venues du nord incitèrent le roi à vous convoquer dans la capitale. De nombreux marchands, revenant de leurs expéditions d'été dans les mers de Kalte, ont rapporté que le Brumalmarc - c'est le nom que l'on donne au chef des Barbares des Glaces - avait été renversé. Or, la description qu'ils ont faite du mage bossu qui a succédé sur son trône au féroce tyran ne peut correspondre qu'à un seul homme : Vonotar le Traître.

Après la défaite des Maîtres des Ténèbres, Vonotar alla se réfugier dans les déserts glacés de Kalte. Il parvint jusqu'à la Forteresse de Glace d'Ikaya où il réussit, par la ruse et la tromperie, à convaincre le cruel Brumalmarc de le prendre à son service comme mage officiel. De la part du chef barbare, ce fut là une grave erreur qui lui coûta tout à la fois sa forteresse et la vie.

La nouvelle que Vonotar serait toujours actif se répand comme une traînée de poudre dans tout le royaume du Sommerlund. Des milliers de citoyens se sont rassemblés autour de la capitale pour exiger qu'on fasse payer à Vonotar le prix de sa trahison. L'agitation est telle que le roi se voit contraint de promettre que l'infâme traître sera ramené à Holmgard pour y répondre de ses crimes.

Et pour vous, Loup Solitaire, la promesse du roi marque le commencement d'une quête qui va vous confronter à un ennemi détesté entre tous en vous plongeant dans de redoutables profondeurs : celles des Grottes de Kalte.

Ce parchemin a été décerné à

____

initié à la maîtrise des disciplines Kaï

1

Avant même que vous n'ayez accepté la mission de ramener Vonotar devant la justice de votre pays, les préparatifs de votre voyage à Kalte ont été entrepris. Le commandant du vaisseau de guerre *Cardonal,* de retour d'une patrouille dans la mer de Kalte, a reçu l'ordre d'attendre votre arrivée au port d'Anskaven où le bâtiment est ancré. Au cours de la nuit, on a amené à bord les vivres, les équipements polaires et les meutes de chiens Kanu - des chiens de traîneau - qui vous seront nécessaires dans votre quête. La nature de votre mission est restée secrète et seuls les officiers supérieurs en ont été informés. Le commandant a reçu pour instruction de vous amener jusqu'au Promontoire de Halle, de jeter l'ancre et d'attendre là votre retour. Une équipe de guides triés sur le volet vous conduira du Promontoire jusqu'à Ikaya. Dès que vous serez entré dans la Forteresse de Glace, vous devrez alors chercher Vonotar, le capturer, puis revenir au vaisseau, toujours en compagnie de vos guides. Il ne vous est accordé que trente jours pour accomplir votre mission car l'hiver approche et, au-delà de ce délai, le Cardonal serait irrémédiablement pris dans des glaces dont il ne pourrait plus se dégager. Aussi le commandant sera-t-il contraint de regagner le Sommerlund sans vous si vous ne revenez pas à temps. Pendant six jours, le Cardonal fait voile dans la mer de Kalte sans traverser une seule tempête ; chaque jour, cependant, la température descend et, bientôt, une couche de givre recouvre les ponts du bateau. Au matin du septième jour, l'île de Tola, ensevelie sous la neige, est en vue. Peu après, un léger vent se lève, en provenance de l'ouest. Tout d'abord, il ne semble pas très inquiétant, mais une demi-heure plus tard, un violent blizzard se met à souffler et les côtes qui se dessinaient au loin ont tôt fait de disparaître dans la tourmente. La terrible tempête fait rage toute la journée. Des vents redoutables écrêtent les gigantesques vagues grises en projetant des paquets de mer sur les ponts, les mâts et les gréements du navire ; l'eau gèle instantanément et les flancs du Cardonal sont recouverts d'une couche de glace de plusieurs dizaines de centimètres d'épaisseur. C'est seulement en début de soirée que le ciel s'éclaircit et que la tempête cesse de souffler bien que le vent reste fort. Il ne vous faut pas longtemps pour vous rendre compte que la tempête vous a fait dévier de votre route d'environ 50 kilomètres, le long de la banquise de Liouk. Vous n'ignorez pas qu'en voulant retourner au Promontoire de Halle, vous perdriez une journée entière et vous décidez donc d'aborder sur la banquise pour y entreprendre votre mission. Tandis que l'on débarque les derniers chiens Kanu, vos guides vous expliquent que, de l'endroit où vous êtes, il existe deux itinéraires possibles pour vous rendre à Ikaya. Le premier représente une marche de 200 kilomètres environ qui vous mènera au Mont des Brumes. De là, vous aurez encore à parcourir 150 autres kilomètres sur le Glacier de Viad avant d'arriver à la Forteresse de Glace. Vos guides vous précisent que cette expédition sur le glacier sera difficile. L'autre itinéraire est plus long, il vous oblige tout d'abord à couvrir une distance de presque 300 kilomètres dans la plaine de Hrod ; ensuite, vous devrez traverser le défilé de la Tempête, long de 150 kilomètres.

Même si le temps et la chance vous sont favorables, l'un et l'autre itinéraires vous contraindront à une marche pénible d'au moins dix jours pour atteindre votre objectif. Avant de prendre une décision, il serait sage de consulter la carte de Kalte qui figure en tête de ce livre. Si vous souhaitez prendre l'itinéraire le plus court, mais le plus difficile, celui qui passe par le Glacier de Viad, rendez-vous au **160**. Si vous préférez essayer l'itinéraire le plus long, mais le plus facile, celui qui traverse la Plaine de Hrod et le défilé de la Tempête, rendez-vous au **273**.

2

Vous découvrez à votre droite une porte de pierre habilement dissimulée dans les sculptures contournées qui couvrent le mur. En examinant de près ces sculptures, vous apercevez un levier. Si vous souhaitez tirer ce levier, rendez-vous au **290**. Sinon, vous pouvez continuer à monter l'escalier en vous rendant au **76**.

3

Vous regardez les morceaux fracassés de la créature se dissoudre dans la glace avec un mélange de répulsion et de fascination. Bientôt, il ne reste plus du Serpent de Cristal que les reliefs de nourriture qui n'avaient pas encore été digérés par son estomac. A votre grand étonnement, vous apercevez, dans cette bouillie fétide de chair et d'os, la tige d'une Clé d'Argent. Si vous souhaitez prendre cette Clé, rendez-vous au **280**. Si vous préférez ne pas y faire attention et essayer de trouver le moyen d'ouvrir la porte de la forteresse, rendez-vous au **344.**

4

Vous cachez le cadavre sous l'escalier et vous vous hâtez de le fouiller. Vous y découvrez une Épée d'Os et un Disque de Pierre Bleue. Si vous souhaitez conserver l'un ou l'autre de ces objets (ou les deux), inscrivez-les sur votre *Feuille d'Aventure* dans la case Objets Spéciaux. Vous abandonnez ensuite le cadavre et vous montez l'escalier quatre à quatre. Rendez-vous au **332**.

5

Vous voyez deux hommes vêtus de haillons, assis devant un feu qui semble brûler à l'intérieur d'une petite boule de métal. Au-dessus des flammes, la carcasse dépecée d'un petit animal est en train de cuire à la broche. Les deux hommes sont vieux et édentés et une étrange lueur de

5 *Deux hommes vieux et édentés, vêtus en haillons, assis devant un feu...*

folie brille dans leurs yeux en amande. Si vous souhaitez vous approcher d'eux pour leur demander de partager avec vous leur repas, rendez-vous au **295**. Si vous voulez les attaquer, rendez-vous au **14**. Si vous préférez ne leur accorder aucune attention et poursuivre votre chemin, rendez-vous au **132**.

6

Vous progressez dans l'obscurité en tenant votre arme en avant, au cas où un obstacle se dresserait sur votre chemin. Le couloir se prolonge en direction du nord sur une certaine distance, puis il tourne brusquement vers la droite. A quelques mètres devant vous, vous apercevez à présent une lumière provenant d'une autre ouverture. Au-delà de cette source de lumière, un peu plus loin dans le tunnel, un escalier s'enfonce dans les ténèbres. Si vous souhaitez jeter un coup d'œil à travers cette ouverture, rendez-vous au **224.** Si vous préférez descendre l'escalier, rendez-vous au **166.**

7

Soudain, le bloc noir explose en centaines d'éclats de pierre tranchants comme des rasoirs. Vous avez le dos quelque peu écorché, et les oreilles vous tintent mais, en dehors de ces menus désagréments, vous êtes indemne. En vous réfugiant dans le coin de la salle, vous avez échappé à des blessures qui auraient pu être graves. Il est clair à présent que le monolithe avait pour fonction d'interdire l'entrée aux intrus ou de les prendre au piège. Un ancien mage l'avait sans doute doté de pouvoirs de protection. Tandis que la poussière noire retombe lentement, vous remarquez qu'un panneau s'est ouvert dans le mur du nord, révélant un obscur passage qui permet de quitter la salle. Si vous souhaitez essayer de sortir par là, rendez-vous au **145.** Si vous préférez essayer d'ouvrir à nouveau la porte par laquelle vous êtes entré, rendez-vous au **242.**

8

L'odeur est infecte et vous essayez désespérément de retenir votre respiration tandis que vous vous enduisez le torse de cette graisse visqueuse ; lorsque l'huile vous pénètre dans la peau, vous sentez se diffuser à l'intérieur de votre corps une chaleur rayonnante, comme si vous vous trouviez près d'un feu. Et, plus vous étalez de graisse, plus la chaleur augmente. Vous remarquez également que l'épouvantable odeur se dissipe peu à peu. « Lorsque l'huile imprègne votre peau, vous perdez l'odorat », explique Fenor. « Tant mieux, assure Dyce, sinon, je ne pourrais plus supporter ma propre compagnie ! » L'huile de Bakanal offre une excellente protection contre le froid mordant qui règne dans les terres de Kalte et elle vous épargnera peut-être la perte de précieux points d'ENDURANCE dans un proche avenir. Irian reprend bientôt connaissance et plonge les mains dans la carcasse du Bakanal pour bénéficier à son tour de l'huile bienfaisante. Le jour décline rapidement et vous décidez donc d'établir votre campement dans cet étroit passage. Vous préparez un Repas, puis vous montez la garde à tour de rôle, au cas où les Bakanals décideraient de revenir. Rendez-vous au **325.**

9

Vous essayez désespérément de lutter contre l'atroce douleur, mais elle est si intense que vous perdez bientôt conscience. Dans quelques minutes, vous serez complètement vidé de votre énergie et vous deviendrez l'esclave docile de Vonotar, incapable de résister au pouvoir de sa force psychique ; il vous ordonnera alors de ramasser l'épée du Barbare des Glaces et de vous en servir pour vous trancher la gorge. Vous obéirez sans murmure et vous vous tuerez vous-même d'un simple geste du poignet. Votre mission s'achèvera donc ici en même temps que votre vie.

10

Le sac contient quatre fioles de verre ouvragé. Elles sont remplies de liquides rouge, orange, vert et noir. Lequel souhaitez-vous examiner ?

Rouge	Rendez-vous au **90**
Orange	Rendez-vous au **171**
Vert	Rendez-vous au **289**
Noir	Rendez-vous au **225**

Vous pourrez utiliser ce sac comme Sac à Dos si vous en avez besoin. Vous aurez le droit de quitter les lieux quand vous le souhaiterez et vous poursuivrez alors votre chemin vers le nord, le long du couloir, en vous rendant au **126.**

11

Si vous souhaitez demander qui est l'actuel chef de Ragadorn, rendez-vous au **141.** Si vous préférez lui demander le nom du fleuve qui partage Ragadorn en deux, rendez-vous au **159.** Enfin, si vous désirez lui demander le nom de la taverne qui se trouve dans la rue de la Bernicle, rendez-vous au **234.**

12

Le matériel et les vivres sont rapidement déballés et répartis entre vous. Vous recevez des provisions qui représentent l'équivalent de 3 Repas, des Couvertures en Fourrure et une Corde. Inscrivez tous ces éléments sur votre *Feuille d'Aventure* en sachant que les Couvertures en Fourrure prennent dans votre Sac à Dos la place de deux objets normaux. Il vous est impossible d'emmener les chiens Kanu dans les montagnes et vous êtes donc contraint de les abandonner ici, de même que les traîneaux. Vous vous encordez avec vos guides, et vous vous mettez en route en direction d'un étroit passage qui s'enfonce entre les pics sombres et sinistres. Tout d'abord, l'escalade ne présente pas de difficultés mais bientôt, la pente de glace lisse devient abrupte et votre progression est beaucoup plus malaisée. Un vent se lève qui forme des tas de neige poudreuse contre les blocs de glace et la visibilité est alors réduite à quelques mètres. Les tas de neige sont trompeurs et parfois profonds. A deux reprises, vous vous y enfoncez jusqu'à la poitrine et les autres doivent venir vous dégager. Cette nuit-là, vous dressez votre tente sur une surface de granite recouverte de glace qui surplombe un profond ravin. Vous êtes épuisé et vous vous endormez presque au cours du Repas (n'oubliez pas de rayer ce Repas de votre *Feuille d'Aventure*). « Est-ce que vous parlez un peu la langue des Barbares des Glaces ? » demande Dyce qui essaye d'entretenir la conversation, « pour ma part, je ne connais que quelques mots, *Myjavik,* par exemple. » Lorsque vous lui demandez ce que ce mot signifie, il observe un instant de silence puis vous répond : « Terreur... *Myjavik* signifie terreur. » Soudain, un bruit impressionnant retentit à l'extérieur de la tente. On dirait le rugissement d'un gros animal. Si vous souhaitez tirer votre épée et aller voir de quoi il s'agit, rendez-vous au **180.** Si vous préférez retenir votre souffle en restant aussi immobile que possible, rendez-vous au **259.**

13

Il y a un levier dans le mur et un judas au milieu de la porte. En jetant un coup d'œil à travers le judas, vous découvrez un étrange spectacle : un homme vêtu d'une toge sombre est agenouillé au centre d'un pentacle dessiné à la craie sur le sol d'une cellule. Il a la tête penchée et semble en transe. Si vous souhaitez tirer le levier et ouvrir la porte, rendez-vous au **128.** Si vous préférez laisser cet homme où il est et poursuivre votre exploration du couloir principal, rendez-vous au **254.**

14

Les deux hommes vous regardent d'un air horrifié et se hâtent de dégainer leur arme. Vous par venez à tuer l'un d'eux avant que l'autre ne soit prêt à vous attaquer. Ce dernier est désespéré et se jette sur vous avec une intense fureur. Il vous faudra le combattre jusqu'à la mort de l'un de vous deux.

BARBARE
DES GLACES HABILETÉ : 15 ENDURANCE : 14

Si vous êtes vainqueur, rendez-vous au **309.**

15

Vous examinez attentivement la serrure pour estimer vos possibilités de la forcer. Si vous possédez la Discipline Kaï de la Maîtrise Psychique de la Matière, rendez-vous au **185.** Si vous disposez d'un Poignard ou d'une Épée d'Os, rendez-vous au **86.** Si vous ne maîtrisez pas la Discipline indiquée et que vous n'ayez pas les armes requises, il vous faut quitter la salle et monter l'escalier en vous rendant au **323.**

16

Vous parvenez tout juste à vous faufiler par l'entrebâillement avant que la porte de pierre ne claque derrière vous. Malheureusement, si vous portez un Sac à Dos sur les épaules, la porte, en se fermant, a cassé deux des objets que vous transportiez. Ils vous faut donc les rayer de votre *Feuille d'Aventure* (choisissez vous-même les objets ainsi perdus). Vous poursuivrez ensuite votre chemin le long du passage. Rendez-vous au **63.**

17

Vous vous rendez compte que vous souffrez des premiers effets de la cécité des neiges. A moins de réagir immédiatement, d'autres symptômes plus douloureux de ce mal ne vont pas tarder à se manifester. Si vous souhaitez vous protéger les yeux par un bandeau que vous garderez au moins jusqu'au moment d'établir votre camp, plus tard dans la journée, rendez-vous au **62.** Si vous n'aimez pas avoir un bandeau sur les yeux et que vous préfériez risquer la cécité des neiges, rendez-vous au **251.**

18

Lorsque votre épée s'enfonce dans le vent tourbillonnant, une soudaine douleur provoquée par un froid intense vous parcourt le bras. Vous perdez 3 points d'ENDURANCE et vous reculez d'un pas chancelant en tenant votre bras meurtri par le froid contre votre poitrine. Vous avez perdu votre arme et le cyclone devient de plus en plus puissant, vous forçant à vous réfugier dans un coin du temple. Si vous souhaitez essayer de vous enfuir vers l'arcade qui se trouve au-delà du tourbillon, rendez-vous au **211.** Si vous préférez rester dans le coin du temple en espérant que vous y serez à l'abri, rendez-vous au **95.**

19

Vous courez le long du pont de glace et vous plongez pour attraper la main de Dyce, mais il est trop tard. Une seconde à peine avant que vous ne l'ayez atteint, il lâche prise et tombe en arrière dans le vide béant. Un frisson vous parcourt l'échine tandis que vous entendez son hurlement disparaître dans les profondeurs obscures.

Vous scrutez le fond du précipice sans pouvoir rien faire, lorsque Irian pousse soudain un cri : « Là, là-bas ! s'exclame-t-il, je suis sûr que j'ai vu quelque chose ! » Vous regardez avec atten-

19 *Il lâche prise et tombe dans le vide béant.*

tion dans l'espoir de voir quelque chose à votre tour, mais la gorge est aussi noire qu'une nuit sans lune. Vous vous tournez alors vers Irian qui vous désigne non pas le précipice, mais l'horizon en direction de l'ouest. « Regardez là-bas ! » dit-il en montrant une hauteur qui se dessine au loin. Deux guerriers vêtus de fourrure se tiennent debout au sommet d'une vaste étendue de glace. Ils regardent vers vous, alertés sans aucun doute par le cri désespéré de Dyce. « Des Barbares des Glaces, avertit Fenor, la voix tremblante de peur, s'ils atteignent Ikaya avant nous, c'est comme si nous étions déjà morts ! » Vous êtes à présent à 25 kilomètres de la forteresse et il reste moins de trois heures de jour. Si vous souhaitez poursuivre votre chemin en espérant que vous arriverez avant les Barbares, rendez-vous au **327.** Si vous préférez les attaquer pour les empêcher de donner l'alerte, rendez-vous au **307.**

20

Le corps du Monstre d'Enfer bouillonne et se dissout à vos pieds, un gaz vert et fétide s'échappant de ses vêtements. Tandis que vous contemplez avec dégoût la décomposition du cadavre, vous comprenez soudain que l'immonde créature a probablement été envoyée pour tuer Vonotar ; il ne peut y avoir d'autre raison plausible à sa présence ici. Les Maîtres des Ténèbres de Helgedad veulent à tout prix la mort de Vonotar pour lui faire payer sa défaite dans la bataille du golfe de Holm, et sans doute ont-ils appris où il se trouvait à présent. Le mage, après avoir découvert le Monstre d'Enfer, l'a vraisemblablement enfermé dans un pentacle en attendant de mettre au point un moyen de le détruire à tout jamais. Vous tâtez prudemment votre gorge blessée et vous remerciez les dieux d'avoir en votre possession le Glaive de Sommer : une fois de plus, ses pouvoirs vous ont sauvé la vie. Empruntant le couloir principal, vous vous hâtez de vous éloigner de ces restes fumants. Rendez-vous au **254.**

21

Vous tombez dans un sifflement glacé et vous atterrissez brutalement sur une surface gelée, près de dix mètres plus bas. Vous avez le souffle coupé et vous êtes durement secoué, mais vous gardez conscience. Les cris des guides se transforment bientôt en hurlements de joie et de surprise lorsqu'ils vous voient vous relever tant bien que mal. Vous levez les yeux et vous voyez Fenor qui saute sans encombre par-dessus la crevasse. Quelques secondes plus tard, on vous descend une corde et vous êtes ramené sain et sauf à la surface. Vous avez perdu vos chiens Kanu, votre traîneau avec les provisions qu'il contenait et 2 points d'ENDURANCE. Après s'être concertés avec vous, vos guides sont d'accord pour poursuivre la mission, bien qu'ils sachent que, désormais, les épreuves qui les attendent seront deux fois plus pénibles. En scrutant l'horizon, Irian repère alors un passage étroit au bord de la banquise à l'endroit où elle jouxte la plaine de Hrod. Vous vous remettez en chemin et, lorsque le soir tombe, vous avez atteint l'abri de ce passage où vous décidez d'installer votre campement. En faisant l'inventaire des provisions qui vous restent, vous vous apercevez qu'il faudra diminuer les rations de moitié si vous voulez arriver tous à Ikaya. La frugalité de votre dîner vous fait perdre 1 autre point d'ENDURANCE. Rendez-vous au **325.**

22

Un pouvoir magique d'une grande puissance empêche votre esprit d'agir sur la serrure. Vous vous concentrez jusqu'à ce que la sueur perle à votre front, mais vous êtes incapable d'obtenir le moindre résultat. Plutôt que d'essayer d'ouvrir le coffre par la force, vous décidez à regret de l'abandonner et vous montez plutôt l'escalier. Rendez-vous au **323.**

23

Vous avez de la chance. Les Bakanals sont réputés pour leur extraordinaire aptitude au sommeil ; ils peuvent en effet dormir jusqu'à trois jours de suite à n'importe quelle occasion, principalement après avoir fait un copieux repas. Ce Bakanal va dormir pendant encore 24 heures au moins. Vous pouvez donc passer devant lui sans encombre et quitter la salle. Rendez-vous au **235.**

24

Vous visez soigneusement et vous lancez le Diamant dans le couloir. Il rebondit juste devant le Barbare des Glaces et finit sa course derrière l'escalier. Le Barbare, intrigué par le bruit et par l'éclat du Diamant quitte son poste pour aller voir de quoi il retourne. Vous saisissez cette occasion pour grimper l'escalier sans vous faire remarquer. Rendez-vous au **332.**

25

Vous remarquez que l'une des créatures porte au cou un Triangle de Pierre Bleue attaché à une chaîne. Vous pouvez le prendre si vous le souhaitez et le passer à votre propre cou. Vous l'inscrirez alors sur votre *Feuille d'Aventure* dans la case Objets Spéciaux. Vous essuyez ensuite votre arme et vous vous hâtez de poursuivre votre chemin, de peur qu'un autre Languabarb ne se montre. Rendez-vous au **284.**

26

En dehors des épées d'os, vous trouvez également un poignard et une masse d'armes, tous deux taillés également dans de l'os. Les Barbares portent aussi à leur poignet gauche de curieux Bracelets. Ils sont tout à fait lisses, sans aucune marque ni inscription et semblent en or massif. Si vous souhaitez prendre l'un de ces Bracelets, passez-le à votre poignet et notez-le sur votre *Feuille d'Aventure* dans la case Objets Spéciaux. Rendez-vous ensuite au **187**. Si vous ne souhaitez pas prendre de Bracelet, vous pouvez poursuivre vos investigations en vous rendant au **63.** Enfin, si vous maîtrisez la Discipline Kaï du Sixième Sens, rendez-vous au **231.**

27

Vous avancez avec difficulté le long des sinistres montagnes pendant presque une heure, sans trouver d'abri pour échapper au vent glacé. A moins que vous ne vous soyez enduit le torse d'huile de Bakanal, vous perdrez 2 points d'ENDURANCE en raison du froid extrême. Si vous souhaitez poursuivre votre chemin pour essayer de trouver un abri, rendez-vous au **314.** Si vous préférez creuser à la main un trou dans la neige pour y passer la nuit, rendez-vous au **205.**

28

Essuyant le sang qui vous a éclaboussé le visage, vous sortez de la cellule d'un pas chancelant et vous pénétrez dans le couloir. Au loin, vous apercevez une bifurcation. Si vous souhaitez fouiller le cadavre du Barbare des Glaces, il va falloir le traîner dans la lumière du couloir en vous rendant au **210.** Si vous préférez poursuivre votre mission aussi rapidement que possible, refermez la porte de la cellule et avancez le long du couloir jusqu'à la bifurcation. Rendez-vous pour cela au **215.**

29

La crevasse s'élargit de plus en plus. Vous voyez Fenor sauter et atterrir sans dommage au bord du gouffre. Vous vous apprêtez à bondir à votre tour lorsque vous vous apercevez avec horreur que votre pied gauche se trouve pris dans les cordages du traîneau. Si vous possédez le Glaive de Sommer, rendez-vous au **43.** Si vous possédez la Discipline Kaï de la Maîtrise Psychique de la Matière, rendez-vous au **121.** Si vous n'avez ni l'un ni l'autre, utilisez la *Table de Hasard* pour obtenir un chiffre. Si vous obtenez de 1 à 4, rendez-vous au **226.** De 5 à 9, rendez-vous au **266.** Enfin, si vous tirez le 0, rendez-vous au **312.**

30

Le passage se prolonge tout droit pendant quelques mètres, puis il tourne brusquement vers l'est. Un peu plus loin, vous apercevez une lueur qui filtre à travers une fente dans le mur. En y regardant de plus près, vous découvrez une porte secrète et un petit levier de pierre. Vous tirez sur le levier et la porte s'ouvre aussitôt en glissant latéralement, révélant un large couloir bien éclairé. A votre gauche, à moins de dix mètres, vous remarquez un croisement. A votre droite, vous voyez une porte de pierre fermée. Si vous souhaitez examiner cette porte, rendez-vous au **203.** Si vous préférez vous diriger vers le croisement, rendez-vous au **276.**

31

La statue se dresse lentement sur l'autel et s'avance vers vous. Tandis qu'elle s'approche, vous sentez un froid intense rayonner de sa surface de pierre lisse. Ses mouvements, cependant, sont raides et imprécis ; il ne vous serait pas difficile d'éviter ses bras tendus. Si vous souhaitez attaquer cette étrange statue, rendez-vous au **150.** Si vous préférez la contourner et courir vers l'arcade qui se trouve derrière elle, rendez-vous au **306.**

32

Les créatures surgissent de la chute d'eau et bondissent sur vous ; il vous faut les combattre une par une.

	HABILETÉ	ENDURANCE
Premier LANGUABARB	11	35
Deuxième LANGUABARB	10	32
Troisième LANGUABARB	8	30

Si vous perdez des points d'ENDURANCE au cours de ce combat, rendez-vous immédiatement au **66.** Si vous remportez le combat sans perdre de points d'ENDURANCE, rendez-vous au **25.**

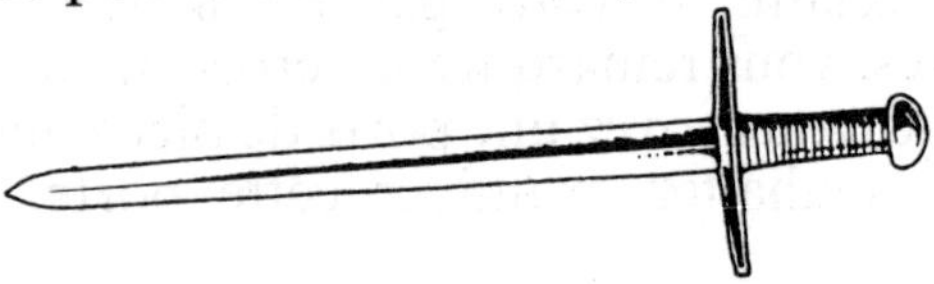

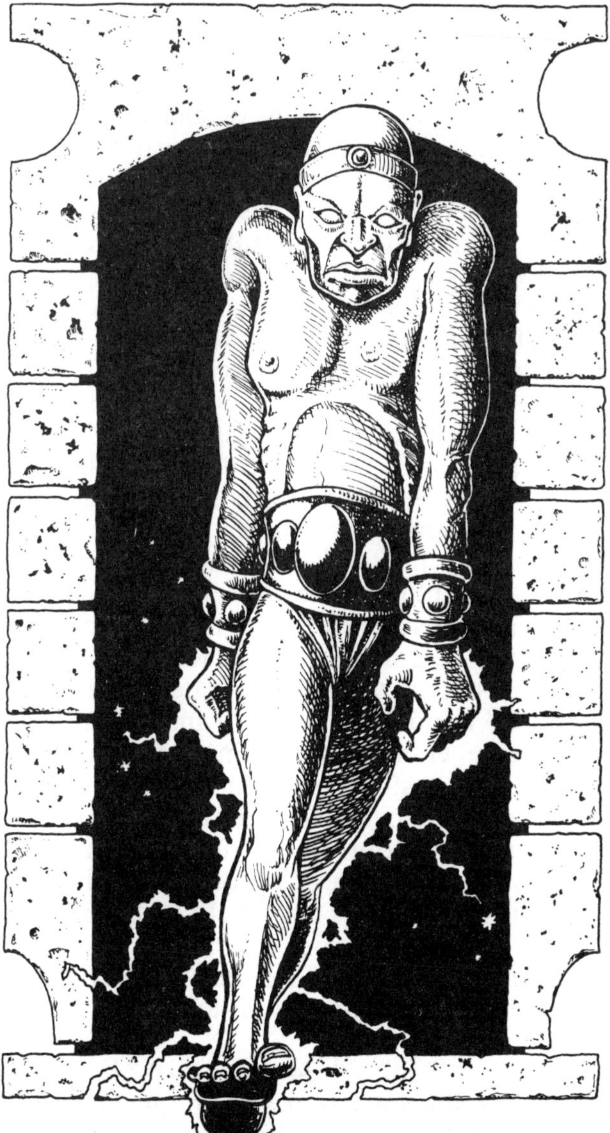

31 *La Statue lentement s'avance vers vous.*

33

Vous jetez le jeune garçon sur le traîneau, vous agrippez votre fouet et vous cinglez l'échine des chiens Kanu qui se mettent à courir de toutes leurs forces. Les Barbares des Glaces vous donnent immédiatement la chasse, criant quelque chose à l'enfant dans leur étrange langage. Vous avez parcouru moins d'une centaine de mètres lorsque le garçon saute soudain du traîneau pour atterrir sur un grand tas de neige. Au même instant, une volée de flèches aux pointes d'os vous sifflent aux oreilles et l'une d'elle vous écorche l'épaule, vous faisant perdre 1 point d'ENDURANCE. Bien que l'enfant soit libre, à présent, deux des Barbares continuent de vous poursuivre ; mais vos chiens sont rapides et vous avez tôt fait de les distancer, eux et leurs flèches. A la nuit tombée, vous arrivez en bordure des monts de Viad. Ces impressionnantes montagnes de granite dressent leurs parois verticales au-dessus de la neige et de la glace et il vous sera impossible de les franchir par cette nuit froide et sans lune. En outre, un vent venant de l'ouest annonce du blizzard pour les heures qui viennent. Il vous faut trouver un abri, ou vous mourrez de froid. Si vous souhaitez vous diriger vers le nord pour chercher cet abri, rendez-vous au **27**. Si vous préférez aller au sud, rendez-vous au **314.** Enfin si vous maîtrisez les Disciplines Kaï de l'Orientation ou du Sixième Sens, rendez-vous au **348.**

34

Vous vous souvenez tout à coup que vous possédez une Effigie de cette hideuse créature. Vous la sortez aussitôt de votre poche et vous la tenez devant vous . Elle se met alors à diffuser une étrange lueur qui semble hypnotiser le monstre. Vonotar n'a plus le contrôle de la créature qui, désormais, vous obéit. Le mage, se rendant compte qu'il a perdu, s'éloigne du fossé. Loi-Kymar vous rejoint peu après. Il essaye de vous dire quelque chose, mais il est hors d'haleine. « Servez-vous de lui, Loup Solitaire... Envoyez-le... contre Vonotar ! » Vous ordonnez au monstre de s'emparer de Vonotar et de l'immobiliser et il vous obéit aussitôt. Le traître hurle de terreur et s'évanouit lorsque les tentacules gluants se referment autour de lui. Vous remarquez que, pendant ce temps, Loi-Kymar a jeté une poignée d'herbes pilées dans le fossé. Quelques secondes plus tard, des vignes vierges et toutes sortes de plantes grimpantes se mettent à pousser, formant un pont qui vous permet de franchir le fossé pour atteindre le Trône du Brumalmarc. Dès que vous êtes parvenu de l'autre côté, vous ordonnez à la créature de relâcher Vonotar et de retourner dans le fossé. Obéissante, elle se glisse dans l'obscurité et les blocs de cristal s'élèvent lentement pour se remettre en place. « Ligotez-le, Loup Solitaire ! » crie Loi-Kymar tandis qu'il cherche la Crosse de la Guilde, « et prenez soin de lui ôter ses bagues et ses amulettes. C'est un maître en matière de fourberie et il ne faudrait surtout pas qu'il manque la petite fête que le Sommerlund lui réserve pour son retour. » Vous suivez les recommandations de Loi-Kymar et vous vous assurez que Vonotar est bien attaché. « Ah ! la voici, » s'écrie enfin le magicien d'un ton triomphal. Il vient de découvrir la Crosse de la Guilde parmi les feuilles de vignes vierges enchevêtrées au pied du Trône. Il a hâte de s'en aller et vous le remerciez de son aide en lui donnant votre carte de Kalte sur laquelle vous lui montrez la position exacte du Cardonal. « Je n'en aurai pas besoin, assure-t-il, les cartes sont toujours fausses et je préfère m'en remettre à mon propre sens de l'orientation. » Loi-Kymar lève alors sa Crosse de la Guilde et un rayon de lumière aveuglante jaillit aussitôt de son extrémité. Le magicien décrit trois larges cercles dans les airs, tenant la Crosse à bout de bras, et la salle du Trône du Brumalmarc se transforme instantanément en un kaléidoscope multicolore. Rendez-vous au **350.**

35

Vous éprouvez le sentiment désagréable que quelqu'un vous observe. Vous sortez de la tente et vous scrutez la nuit pour essayer de déceler une présence, mais la neige et l'obscurité ne laissent rien voir. A contrecœur, vous revenez à l'intérieur de la tente et vous vous couchez, en gardant votre arme à portée de main pour pouvoir faire face à toute attaque par surprise. Rendez-vous au **291.**

36

Vous montez plus de cinquante marches avant d'atteindre l'arcade. Tandis que vous reprenez votre souffle, vous remarquez que des volutes de brume virevoltant et serpentant dans les airs dissimulent l'ouverture et ce qui se trouve derrière. Vous vous apercevez également que la température est beaucoup plus fraîche aux environs de cette porte voûtée. Si vous maîtrisez la Discipline Kaï du Sixième Sens *et* si vous avez le titre

Kaï de Gardien (ce qui signifie que vous maîtrisez 7 Disciplines Kaï), rendez-vous au **341**. Si vous maîtrisez la Discipline Kaï du Sixième Sens sans avoir le rang de Gardien, rendez-vous au **124**. Enfin, si vous ne maîtrisez pas la Discipline Kaï du Sixième Sens, préparez-vous à passer à l'attaque et franchissez l'arcade en vous rendant au **264**.

37

Dans l'obscurité, vous n'avez pas vu une étroite et profonde crevasse qui se dissimulait dans le sol de glace. Vous tombez dedans, vous faites une chute de plus de quinze mètres, et vous atterrissez sur des rochers pointus en vous cassant les deux jambes. Vous êtes immobilisé et il n'y a personne pour venir à votre secours. Votre mission s'achève donc ici en même temps que votre vie.

38

Au bout de dix minutes passées à fouiller la pièce, vous découvrez un Sac à Dos en fourrure et un long rouleau de Corde. Vous n'avez le droit de prendre le Sac à Dos que si vous n'en avez pas vous-même. La Corde, quant à elle, compte tenu de son volume, occupera la place de deux objets normaux dans votre Sac à Dos, si toutefois vous décidez de l'emporter. Voyant qu'il n'y a plus rien à trouver dans cette pièce encombrée de bric-à-brac, vous repartez et vous poursuivez votre exploration le long du passage orienté à l'est. Rendez-vous au **237.**

39

Jusqu'à présent, tout va bien. Les gardes ne semblent pas vous prêter la moindre attention. Vous faites semblant de renouer les lacets de vos bottes et vous cachez la coupe derrière un pilastre. Vous retournez alors dans la cuisine et vous attendez que les vapeurs fassent leur effet. Moins d'une minute plus tard, les gardes s'écroulent sur le sol et vous pouvez vous approcher sans encombre de la salle du Trône. Vous êtes enchanté de découvrir que l'une des magnifiques portes incrustées de pierreries n'est pas fermée à clé. Vous préparant à passer à l'attaque, vous entrebâillez doucement la porte et vous entrez dans le repaire de Vonotar. Rendez-vous au **173.**

40

Vous avez fait une chute de plus de quinze mètres, mais vous avez atterri sans dommage sur un tas de neige. Essuyant vos yeux couverts de neige glacée, vous restez bouche bée devant le spectacle qui s'offre à vous. Une vaste caverne s'étend aussi loin que porte votre regard ; d'immenses stalactites de cristal pendent d'un plafond de glace et la neige fondue qui s'égoutte sans cesse emplit les lieux d'une étrange musique. Vous êtes en train de contempler un monde inconnu que fort peu de Sommelundois ont jamais vu : ce sont en effet les Grottes de Kalte qui s'ouvrent ainsi devant vous. Cet immense labyrinthe souterrain a été bâti par les Anciens, bien avant que les Sommerlundois, ou même les Maîtres des Ténèbres, ne viennent s'installer sur les terres de Magnamund. Ses larges galeries, ses temples et ses vastes salles ont abrité jadis une race de créatures pour qui la glace était un environnement naturel, des créatures dont les pas et les voix ont empli de leur écho ces espaces polaires. Des coupes de M'lare sont toujours suspendues au plafond, répandant une lumière inquiétante et éternelle. Vous suivez un large canal de neige fondue qui, au bout de trois kilomètres, disparaît sous un mur de glace miroitante. Un pont de glace mène alors à un tunnel qui aboutit bientôt à une bifurcation. Si vous souhaitez prendre l'embranchement de gauche, rendez-vous au **125**. Si vous préférez emprunter celui de droite, rendez-vous au **184**. Enfin, si vous maîtrisez la Discipline Kaï de l'Orientation, rendez-vous au **255.**

41

Vous ôtez le Triangle de Pierre Bleue de votre cou et vous l'appliquez contre le mur de granite : il s'adapte parfaitement au triangle gravé. Aussitôt, vous sentez trembler le rebord sur lequel vous vous tenez et vous entendez le grincement de pierres qui frottent les unes contre les autres. La porte s'ouvre mais, après s'être entrebâillée d'un mètre environ, elle commence déjà à se refermer. Sans hésiter un instant, vous plongez l'intérieur de la forteresse et la porte claque derrière vous dans un grand bruit. Rendez-vous au **221**.

42

Vous tirez le Glaive magnifique de son fourreau et vous en frappez la porte à coups redoublés. A chaque fois que le Glaive de Sommer ébrèche l'antique pierre, une gerbe d'étincelles illumine la pièce. La lame de l'épée rayonne d'un intense flamboiement d'or tandis que vous l'abattez avec force. Le Glaive de Sommer parviendra sans nul doute à détruire la pierre, mais il vous faudra plusieurs heures pour pratiquer une ouverture qui vous permette de vous enfuir. Si vous souhaitez continuer à marteler la porte à l'aide du Glaive de Sommer, rendez-vous au **294**. Si vous préférez abandonner, vous pouvez quitter la pièce par le passage secret aménagé dans le mur nord ; rendez-vous pour cela au **145**.

43

Vous tirez le Glaive d'Or hors de son fourreau et, d'un geste, vous tranchez les cordes qui vous retiennent. Votre pied est à présent libéré et vous sautez du traîneau quelques secondes avant qu'il ne disparaisse dans le gouffre. Fenor se précipite vers vous et vous tire en arrière, loin du bord instable de la crevasse. Vous avez perdu vos chiens Kanu, votre traîneau et vos provisions, mais vous êtes en vie. Vous sautez tous deux par-dessus la crevasse, Fenor et vous, puis vous rejoignez les autres. Bien que vous ayez perdu votre équipement, les guides sont d'accord pour continuer la mission, tout en sachant que les épreuves qui vous attendent désormais seront encore plus pénibles qu'auparavant. Au loin, vous apercevez un étroit passage, au bord de la banquise, là où elle jouxte la plaine de Hrod. A la nuit tombée, vous atteignez l'abri de ce défilé et vous y installez votre campement. En faisant l'inventaire des provisions qui vous restent, vous vous rendez compte qu'il vous faudra diminuer les rations de moitié si vous voulez que toute l'expédition puisse atteindre la forteresse d'Ikaya. Le maigre Repas qui vous tient lieu de dîner vous fait perdre 1 point d'ENDURANCE. Rendez-vous au **325**.

44

« Suivez-moi, dit Loi-Kymar, j'ai écouté attentivement tous les bruits de la forteresse pendant plus d'un an et je connais à présent toutes les portes dérobées, tous les passages cachés. Du fond de ma cellule, j'en ai appris davantage sur ces couloirs que Vonotar lui-même avec toute sa ruse. » Vous suivez alors le magicien à travers un réseau de tunnels et de passages secrets, d'escaliers et de salles froides et obscures. Au sommet d'un escalier particulièrement raide, vous arrivez devant une porte de pierre. Une odeur étrange et écœurante filtre à travers un petit judas. « Ce sont les cuisines » murmure Loi-Kymar, en faisant une grimace éloquente pour exprimer tout le dégoût que lui inspire la pitance servie dans la forteresse. Cette porte secrète est située juste à côté d'une cheminée dans laquelle brûle un feu d'enfer. Un grand chaudron de pierre rempli de gruau est suspendu au-dessus du feu. Deux Barbares des Glaces sont assis à une table proche, devant des bols vides. Si vous avez une Potion Noire de Ronces des Cimetières, rendez-vous au **79**. Si vous avez une Potion Verte de Brosse à Potences, rendez-vous au **157**. Si vous ne possédez aucune de ces deux potions, il vous reste à ouvrir la porte pour attaquer par surprise les Barbares désarmés ; rendez-vous pour cela au **270**.

45

Le coffre est décoré de têtes de créatures grotesques et grimaçantes. Leur expression obscène et leur aspect monstrueux vous font frissonner de dégoût. Au milieu du couvercle, un gros bloc de pierre sculptée représente un visage hideux dont la bouche est constituée par un trou de serrure. Si vous possédez une Clé d'Argent, rendez-vous au **303**. Dans le cas contraire, rendez-vous au **15**.

46

Vous prenez la Sphère de Feu rangée dans votre tunique et vous en séparez aussitôt les deux moitiés que vous posez derrière vous, sur l'étroite corniche. Le Javek siffle avec force, pointant ses deux têtes aux yeux brillants de fureur. Il éprouve de toute évidence l'envie irrésistible de vous attaquer, mais il n'ose pas s'approcher de la Sphère de Feu. Il essaye alors de contourner les flammes, mais la corniche est très étroite : elle ne fait guère plus d'une trentaine de centimètres de large. Il lui est donc impossible de passer sans se brûler. Finalement, furieux mais impuissant, l'étrange reptile se résigne à abandonner la partie, disparaissant dans une cavité située au bout de la corniche. Vous pouvez à présent récupérer votre Sphère de Feu et poursuivre votre exploration. Rendez-vous au **269**.

47

Vous essayer pendant une demi-heure de forcer la serrure, mais vous êtes finalement obligé de renoncer. Vous avez tout essayé sans succès : elle refuse de s'ouvrir. A contrecœur, vous remettez donc votre arme au fourreau et vous quittez la salle pour monter l'escalier. Rendez-vous au **323**.

48

Le Barbare des Glaces passe à une quinzaine de centimètres de votre cachette. Il s'arrête un instant, puis revient sur ses pas, le long du couloir. Vous poussez alors un soupir de soulagement : il ne vous a pas découvert. Si vous souhaitez vous enfuir sur la pointe des pieds par le couloir orienté au nord, rendez-vous au **215**. Si vous préférez attaquer le Barbare des Glaces par derrière, rendez-vous au **260**.

49

Vous escaladez la paroi rocheuse sur une distance de 5 mètres environ et vous atteignez une corniche de glace mince. De là, vous voyez clairement la fissure. Il vous semble avoir aperçu une silhouette lorsque, soudain, la glace se dérobe sous vos pieds et vous précipite tête la première dans un éboulement de granite et de neige. Vous vous attendez à faire une chute de quelques mètres, et vous vous préparez à vous recevoir le moins brutalement possible, mais en fait, vous tombez droit dans une crevasse cachée sous une couche de neige poudreuse. Vous atterrissez enfin quelque trente mètres plus bas sur un énorme tas de neige. Aveuglé, étourdi et suffoquant à moitié, vous vous efforcez de vous dégager de cet amas et, lorsque vous y parvenez enfin, le spectacle qui s'offre à vos yeux vous laisse bouche bée. Un immense tunnel s'étend devant vous, aussi loin que votre regard peut porter. De gigantesques stalactites de cristal pendent du plafond de glace et la neige fondante qui tombe goutte à goutte emplit la caverne d'une étrange musique. Vous appelez au secours à grands cris jusqu'à ce que vous ayez la gorge sèche et douloureuse ; vos guides, cependant, ne vous entendent pas. Vous avez toujours votre arme (ou vos armes) avec vous, ainsi que vos Pièces d'Or et vos Objets Spéciaux, mais vous n'avez plus votre Sac à Dos qui est resté sous la tente. En levant les yeux, vous vous apercevez que le trou dans lequel vous êtes tombé n'est plus qu'un point minuscule sur la voûte du souterrain. La lumière qui éclaire la caverne semble provenir de grandes coupes de pierre suspendues au plafond. Ce sont des coupes de M'lare, une source de lumière éternelle, découverte il y a des siècles par les Anciens. Vous vous rendez bientôt compte que vos guides ne découvriront probablement jamais l'endroit où vous avez atterri et vous décidez donc d'avancer le long du vaste tunnel dans l'espoir de trouver une sortie. Au bout de deux heures de marche, vous arrivez à une bifurcation. Si vous souhaitez emprunter le passage de gauche, rendez-vous au **284**. Si vous préférez suivre celui de droite, rendez-vous au **199.** Enfin, si vous maîtrisez la Discipline Kaï de l'Orientation, rendez-vous au **342.**

50

Avez-vous découvert l'Ancien Temple d'Ikaya et emporté avec vous une Pierre Rayonnante ? Si vous possédez cet Objet Spécial, rendez-vous au **139.** Dans le cas contraire, rendez-vous au **189.**

51

Vous sentez que les Loups Maudits sont profondément endormis. Vous avez une chance de pouvoir passer devant eux, de maîtriser le Barbare des Glaces et de refermer la porte de la cellule avant qu'ils ne s'éveillent. Vous savez cependant que vous courez là un grand risque et que vos chances de réussite sont faibles. Si vous êtes suffisamment courageux pour entrer dans une cellule remplie de Loups Maudits, rendez-vous au **285.** Si vous préférez ne pas prendre ce risque, il vous faut quitter les lieux et descendre l'escalier. Rendez-vous pour cela au **261.**

52

Tandis que vous escaladez la rampe glissante, un craquement derrière vous vous fait faire volte-face. L'entassement de cristaux, au pied de la rampe, commence à bouger. Les cristaux sont vivants ! D'un air incrédule, vous les voyez se transformer en une masse d'anneaux translucides qui se déploient peu à peu, révélant la forme d'une créature de glace. Le monstre glisse vers vous en ondulant. Si vous souhaitez fuir cette créature en courant vers la porte de pierre, rendez-vous au **169.** Si vous préférez la combattre, rendez-vous au **265.**

53

Malheureusement, vous avez mal calculé votre élan et la porte se referme en vous broyant les jambes. Dans quelques minutes, vous vous serez vidé de votre sang. Votre mission s'achève donc ici, en même temps que votre vie.

54

Le verre est très fin et vous avez besoin de toute votre concentration et de toute votre habileté pour éviter de le casser. Utilisez la *Table de Hasard* pour obtenir un chiffre. Si vous possédez les Disciplines Kaï de la Maîtrise Psychique de la Matière ou de la Puissance Psychique, ajoutez 3 au chiffre que vous aurez tiré. Si votre total est de 0 à 4, rendez-vous au **250.** De 5 à 12, rendez-vous au **268.**

55

Vous êtes à moins de 30 mètres du sommet lorsque vos mains peu à peu cessent de vous faire mal. Bientôt, vous ne sentez plus rien du tout : le gel vous a rendu insensible depuis les avant-bras jusqu'à l'extrémité des doigts. Dans un dernier effort, vous atteignez un étroit rebord de glace sur lequel vous pouvez vous agenouiller et vous reposer un peu. Quelques instants plus tard, cependant, vous vous rendez compte qu'il vous est impossible de grimper plus haut. En effet, vous vous trouvez face à des parois de glace abruptes dont la surface lisse n'offre aucune prise. Il vous faut donc redescendre. Vous ne retrouvez la sensibilité de vos mains que plus de quatre heures après, et la morsure du gel vous fait perdre 5 points d'ENDURANCE. En outre, vous perdez également 2 point d'HABILETÉ à déduire de votre *total de départ*. Cette perte est définitive et durera jusqu'à la fin de votre vie. Cinq heures vous sont nécessaires pour revenir au pied de la montagne. Épuisé et rongé par la douleur, vous vous armez de courage pour essayer de trouver un autre moyen d'échapper à ce gouffre infernal. Rendez-vous au **182.**

56

« Par ma foi ! Un Seigneur Kaï ! » s'exclame-t-il, les yeux ronds de stupeur. « J'ai tant désiré retrouver ma liberté, tant attendu qu'on vienne me délivrer de cette infernale prison ! Mais, bien que l'espoir ne m'ait jamais quitté, je n'aurais pu penser que mon sauveur serait un personnage aussi illustre ! » Au plus fort de son exaltation, le vieil homme est soudain pris d'une quinte de toux ; lorsque enfin il peut reprendre son souffle, il est pâle, épuisé, et ne peut à nouveau parler que quelques minutes plus tard. « Je m'appelle Loi-Kymar, dit-il, je suis l'un des Anciens de la Guilde des Magiciens de Toran. » Il vous montre alors, sous sa toge en lambeaux, un pendentif en Étoile de Cristal, le symbole de la guilde. La guilde est connue sous le nom de la

Confrérie de l'Étoile de Cristal et le magicien vous donne ainsi la preuve tangible de son identité. Vous lui demandez ensuite comment il se fait qu'il soit emprisonné ici, à Ikaya, à plusieurs centaines de kilomètres de sa ville natale de Toran. « C'est Vonotar, ce traître abject qui est responsable de mon tourment. Avant l'invasion du Sommerlund par les Maîtres des Ténèbres, il a trahi les Maîtres Kaï pour gagner de nouveaux pouvoirs, les sombres pouvoirs de la mort et de l'obscurité. Il ne parvint pas, cependant, à remplir le rôle qui lui avait été attribué dans la stratégie guerrière de ses maîtres maléfiques. Or, les Maîtres des Ténèbres ne peuvent tolérer une telle faiblesse, leur esprit monstrueux ignore la pitié. Dans l'amertume de la défaite, ils ont cherché à tuer Vonotar pour le punir du crime d'avoir échoué. Vonotar, quant à lui, savait que le moyen d'échapper à leur vengeance se trouvait en ma possession : ma Crosse de la Guilde a en effet le pouvoir de transporter instantanément d'un lieu à un autre une personne ou un objet. Il essaya donc de me la voler pour s'enfuir ainsi à Ikaya où il serait en sûreté. Il apprit bien vite, cependant, que les pouvoirs de la Crosse magique ne sont pas à la portée du premier venu ; je suis le seul, en effet, à connaître son secret. Furieux, il menaça de tuer toute ma famille si je refusais de l'amener jusqu'ici à l'aide de la Crosse. Je n'avais donc pas d'autre choix que d'accepter. Depuis ce temps, je suis resté prisonnier dans cette cellule. Mais en dépit des tortures physiques et mentales que Vonotar m'a fait subir, je ne lui ai jamais révélé le secret de la Crosse de la Guilde qu'il conserve, je le sais, dans la salle du Trône du Brumalmarc. Si je lui disais ce secret, ma vie ne vaudrait plus très

56 *Je suis l'un des Anciens de la Guilde des Magiciens de Toran.*

cher. » Vous expliquez alors à Loi-Kymar la nature de votre mission et vous lui racontez la suite d'événements qui vous a amené à le rencontrer. Il vous propose aussitôt de vous montrer le chemin qui mène à la salle du Trône du Brumalmarc, où Vonotar exerce ses pouvoirs de chef suprême. Et si vous parvenez à retrouver la Crosse de la Guilde, il vous promet de vous transporter instantanément jusqu'au point de la côte où se trouve ancré le Cardonal. Vous pourrez ainsi rejoindre le navire à temps. Pour la première fois depuis que vous êtes tombé dans les Grottes de Kalte, vous avez le sentiment que votre mission est sur la voie du succès. Rendez-vous au **192.**

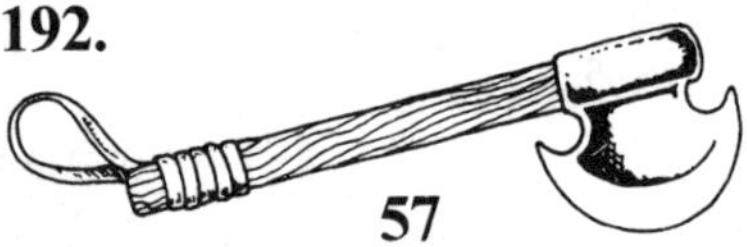

57

Le lendemain, un froid vif règne alentour et un vent violent venant du nord souffle sans relâche. Le visage fouetté par les rafales, vos lèvres bientôt se dessèchent, gercent et saignent. Votre nez commence à couler mais le mucus gèle instantanément. Le soleil est caché par une neige épaisse qui tombe en flocons serrés et obscurcit la lumière du jour. Les tas de neige compacte et les trous dans la glace disparaissent sous la poudreuse et souvent, un traîneau verse ou s'enlise, obligeant l'expédition à interrompre son avance. Il vous faut sans cesse scruter le sol pour essayer d'apercevoir les obstacles de glace qui peuvent se dresser sur votre chemin, et le scintillement de la neige met vos yeux à rude épreuve ; vers midi, votre vision devient floue. Si vous maîtrisez la Discipline Kaï de la Guérison, rendez-vous au **17.** Sinon, rendez-vous au **251.**

58

Le cône de givre s'enfonce dans le feuillage des plantes et les gèle instantanément. Tiges et feuilles deviennent alors cassantes et se brisent sous votre poids. Sans un instant d'hésitation, vous vous précipitez vers l'extrémité du pont végétal et vous parvenez à bondir sur la plate-forme où se tient Vonotar juste avant que les plantes ne se soient complètement désagrégées. Vous avez réussi à traverser le fossé, mais à présent, vous êtes étendu aux pieds de Vonotar qui se met à ricaner en pointant sa baguette de cristal sur votre tête. Rendez-vous au **252.**

59

Emporté par son élan, le Languabarb continue de charger sur la mince couche de glace qui cède sous son poids. Sous la surface gelée, une ombre file alors vers la créature qui se débat furieusement dans l'eau glacée et l'emporte soudain dans les profondeurs. Tout devient aussitôt étrangement immobile tandis qu'une nappe d'eau rougie s'étale lentement sous la glace. Vous vous hâtez en direction du tunnel dont les contours déchiquetés se dessinent de l'autre côté du lac. Lorsque vous prenez pied sur la glace épaisse de la rive, vous remarquez un objet à terre. C'est un petit Triangle de Pierre Bleue attaché à une chaînette.

Si vous souhaitez conserver ce Triangle de Pierre Bleue, passez la chaîne autour de votre cou, et inscrivez l'objet sur votre *Feuille d'Aventure,* dans la case Objets Spéciaux. Entrez ensuite dans le tunnel en vous rendant au **235.**

60

Vous avez à peine monté une douzaine de marches qu'un éclair aveuglant jaillit entre les deux piliers. Vous voyez alors la statue remuer, comme animée par une soudaine énergie. Si vous souhaitez attaquer cette créature avant qu'elle ne se dresse sur l'autel, rendez-vous au **150.** Si vous préférez rester parfaitement immobile et vous préparer à combattre, rendez-vous au **31.** Enfin, si vous estimez plus sage de vous précipiter vers l'arcade obscure, rendez-vous au **306.**

61

Vous pénétrez dans une galerie couverte qui entoure une cour intérieure. Soudain, vous entendez le tintement sourd d'une cloche de pierre que l'on sonne dans une tour de guet située au-dessus de la forteresse ; c'est une cloche d'alarme. La galerie et la cour intérieure sont complètement vides ; vous n'apercevez qu'un traîneau à voile rangé près de l'entrée. Vous décidez alors de prendre le risque d'aller voir et vous descendez l'escalier qui mène dans la cour. Quelques instants plus tard, vous découvrez que le traîneau est chargé de vivres et de matériel en provenance de Liouk. Toute la forteresse est à présent alertée de votre arrivée et il ne vous est donc plus possible d'accomplir votre mission. La seule chose qui vous reste à faire, c'est de vous enfuir sur le traîneau à voiles pendant qu'il en est encore temps. Dans dix jours, vous aurez rejoint le navire Cardonal et vous n'aurez plus qu'à reconnaître l'échec de votre mission.

62

Tandis que la lumière du jour décline peu à peu, le blizzard se met à souffler sur la banquise en faisant claquer sans relâche la toile de votre tente. Ce bruit lancinant s'ajoutant à la douleur de vos doigts et de vos orteils vous met les nerfs à vif et vous commencez à souhaiter n'avoir jamais mis les pieds dans cet enfer glacé. Puis, au beau milieu de la nuit, le vent déchire le bord de la toile et la force de la rafale disperse vos vivres et votre équipement. Vous êtes contraint de passer le reste de la nuit à plat ventre, appuyé sur les coudes, vos doigts gelés crispés sur la toile pour l'empêcher de s'envoler. Une gadoue à moitié gelée se glisse sous vos Couvertures de Fourrure et lorsque l'aube se lève, vos vêtements, gelés à leur tour, sont devenus tout raides. Vous perdez 3 points d'ENDURANCE. Modifiez votre *Feuille d'Aventure* en conséquence, et rendez-vous au **167**.

63

Vous suivez le passage qui se prolonge vers le nord puis tourne brusquement vers l'ouest. Un peu plus loin, un escalier de pierre mène à une arcade située à une dizaine de mètres plus haut. De l'autre côté de l'escalier, vous remarquez une autre porte de pierre à côté de laquelle se trouve un levier fixé au mur. Le levier est relevé et la porte fermée. Si vous souhaitez monter l'escalier, rendez-vous au **323.** Si vous préférez examiner la porte, rendez-vous au **246.**

64

Vous avez le sentiment désagréable qu'un danger vous guette dans l'un et l'autre tunnels. Le tunnel orienté au nord est le plus dangereux, vous le sentez, mais vous êtes également convaincu que c'est le plus court chemin pour gagner Ikaya. Si vous souhaitez entrer dans le tunnel nord, rendez-vous au **235.** Si vous préférez le tunnel ouest, rendez-vous au **275.**

65

Les boutons sont à présent coincés : malgré tous vos efforts, vous ne parvenez pas à les faire bouger. Il ne vous reste donc plus, à présent, qu'à abandonner l'autel et à quitter le temple par l'arcade située au nord. Rendez-vous au **306.**

66

Le crin qui recouvre la langue des Languabarbs contient un puissant venin grâce auquel la créature paralyse ses victimes avant de les dévorer. Le venin agit en quelques secondes ; or, malheureusement pour vous, le poil rêche de la langue du monstre vous a inoculé le poison et vous perdez très vite conscience. Jamais vous ne vous réveillerez de ce sommeil qui met fin à votre mission en même temps qu'à votre vie.

67

L'homme rejette soudain la tête en arrière comme si on venait de l'éveiller brusquement d'une transe. « Qui est là ? » murmure-t-il en scrutant l'obscurité de ses yeux profondément enfoncés dans leurs orbites, « Y a-t-il quelqu'un ici, ou est-ce la folie qui me visite ? » Vous tendez alors la main à travers l'ouverture et vous lui faites un signe pour montrer où vous êtes. « Loués soient les dieux ! s'écrit l'homme en se levant d'un bond, je m'appelle Tygon et je suis un marchand de Radagorn. Les Barbares des Glaces m'ont capturé, ils ont volé ma marchandise et m'ont amené ici. J'attends maintenant d'être reçu par leur nouveau Brumalmarc, le mage Vonotar du Sommerlund. C'est lui, semble-t-il qui doit décider de mon sort. Si vous me libérez, je ferai tout ce qui sera en mon pouvoir pour vous aider. » Si vous disposez d'une Corde, vous pouvez la descendre à travers l'ouverture et aider l'homme à sortir de sa cellule ; rendez-vous pour cela au **328.** Si vous n'avez pas de Corde, ou si vous ne souhaitez pas aider cet homme, vous reprendrez votre chemin le long du tunnel en direction de l'escalier. Rendez-vous alors au **166.**

68

Le Barbare des Glaces s'approche et soudain, il pousse un cri à vous figer le sang puis se précipite sur vous.

BARBARE
DES GLACES HABILETÉ : 18 ENDURANCE : 28

Si vous sortez vainqueur de ce combat, rendez-vous au **186.**

69

Vous avez parcouru moins d'une vingtaine de mètres lorsque vous voyez soudain apparaître une patrouille de six Barbares des Glaces qui marchent dans votre direction, le long du couloir. Vous remarquez alors, sur votre gauche, un petit escalier qui descend dans une salle obscure. Si vous souhaitez courir au bas de ces marches pour vous cacher de la patrouille, rendez-vous au **108.** Si vous souhaitez battre en retraite vers le palier et prendre le couloir orienté au nord, rendez-vous au **198.** Enfin, si vous maîtrisez la Discipline Kaï du Camouflage, rendez-vous au **222.**

70

« Vite ! il faut remballer nos affaires et partir immédiatement ! » s'écrie Fenor, tandis que le mugissement du vent emporte ses paroles dans la nuit noire, « les Languabarbs ne chassent jamais seuls ; il y en a sûrement d'autres à proximité et ils sentent l'odeur du sang à des kilomètres à la ronde. » Vous démontez la tente et vous vous hâtez de partir, Dyce ouvrant la marche, vous-même surveillant les arrières. Mais à peine avez-vous parcouru une cinquantaine de mètres qu'une catastrophe survient. Aveuglé à la fois par le vent et l'obscurité, Dyce ne remarque pas que le chemin s'arrête brusquement, tout au bord d'un précipice. Votre sang se glace d'horreur lorsque vous entendez les cris de vos deux guides retentir dans les ténèbres, puis décroître tout au long de leur chute. La mort vous menace de tous côtés et vous vous cramponnez désespérément à la paroi glacée. Si vous vous êtes enduit le corps d'huile de Bakanal, rendez-vous au **209.** Dans le cas contraire, rendez-vous au **339.**

71

Vous sentez que l'enfant Barbare cache un poignard en os dans l'une de ses bottes. Il essaye de s'en saisir pour vous attaquer. A présent que votre Sixième Sens vous a averti du danger, rendez-vous au **320.**

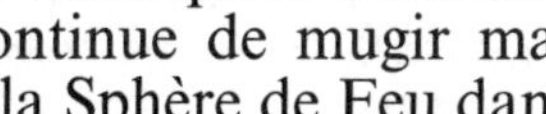

72

Vous examinez soigneusement l'autel ainsi que les deux piliers noirs qui se dressent à sa surface. Le cyclone continue de mugir mais, tant que vous tiendrez la Sphère de Feu dans vos mains, il ne s'approchera pas de l'autel. Vous remarquez bientôt qu'à l'endroit où reposait la statue deux boutons de pierre sont apparus. Rendez-vous au **227.**

73

Les guides vous regardent comme si vous étiez fou et refusent de vous accompagner. Tout d'abord, les chiens Kanu sont réticents lorsque vous approchez de la gorge, mais en les encourageant à l'aide de quelques bons coups de fouet, vous parvenez à les faire changer d'avis. Il y a moins de 15 centimètres de glace de chaque côté des patins de votre traîneau et vous avez besoin de toute votre concentration pour vous maintenir au centre de ce pont gelé. Vous êtes parvenu à moins de cinq mètres du bord opposé quand soudain un terrible craquement retentit. Le traîneau est alors violemment secoué. Utilisez la *Table de Hasard* pour obtenir un chiffre. Si vous tirez un chiffre entre 0 et 7, rendez-vous au **119.** Si vous tirez le 8 ou le 9, rendez-vous au **136.**

74

Les murs de pierre du couloir sont couverts d'étranges sculptures qui projettent de grandes ombres. Vous vous servez de ces ombres pour vous y dissimuler avec l'agilité qui vous est coutumière. Le Barbare des Glaces avance lentement dans votre direction, les muscles tendus, la démarche hésitante. Vous avez alors la chair de poule en remarquant pour la première fois que ses yeux blancs sont dépourvus de pupille. Retenant votre souffle, vous faites des prières pour qu'il ne vous ait pas vu. Utilisez la *Table de Hasard* pour obtenir un chiffre. Si vous tirez un chiffre entre 0 et 4, rendez-vous au **48**. Si vous tirez entre 5 et 9, rendez-vous au **287**.

75

Ces traces ont été laissées par de redoutables créatures carnivores que l'on appelle des Bakanals. Si vous veniez à les rencontrer dans l'espace étroit et sombre d'un tunnel, vos chances de survie seraient fort minces en vérité. Bien que votre Discipline Kaï vous ait permis d'identifier ces traces, il vous est impossible cependant de deviner dans quel tunnel les Bakanals se trouvent à présent. Si vous souhaitez emprunter le tunnel de gauche, rendez-vous au **235**. Si vous préférez le tunnel de droite, rendez-vous au **114**.

76

Vous continuez à monter des marches jusqu'à ce que vous arriviez devant une étroite porte de pierre. Comme toutes les autres portes que vous avez vues jusqu'à présent, celle-ci est également actionnée par un levier fixé au mur. Un petit judas a été aménagé au milieu de la porte. Avec prudence, vous collez un œil contre cette minuscule ouverture et vous jetez un regard dans la petite pièce située derrière. Vous apercevez alors trois Loups Maudits endormis sur le sol de cette cellule. La porte d'une autre cellule s'ouvre dans le mur nord et vous apercevez, se découpant dans l'embrasure, la silhouette d'un Barbare des Glaces qui vous tourne le dos. Si vous maîtrisez les Disciplines Kaï de la Chasse ou de la Communication Animale, rendez-vous au **51**. Si vous ne possédez aucune de ces deux Disciplines, vous pouvez ouvrir la porte et attaquer les Loups Maudits en vous rendant au **137**. Si vous préférez vous éloigner de la porte de cette cellule, redescendez l'escalier en vous rendant au **261**.

77

Vous reconnaissez l'odeur âcre de Ronces des Cimetières que l'on a distillées. C'est là un poison violent et les simples vapeurs qui s'en dégagent sont suffisantes pour vous faire tourner la tête et vous troubler la vue. Vous vous hâtez de vous débarrasser du verre cassé et vous vous couvrez le nez avec la manche de votre tunique. Les vapeurs empoisonnées vous font perdre 1 point d'ENDURANCE. Retournez au **10** pour faire un autre choix.

78

Vous vous préparez en hâte et vous sortez de la tente. Le vent s'est intensifié et il emporte la neige poudreuse en petits tourbillons qui réduisent considérablement la visibilité. Une ombre sur votre droite trahit la présence du Bakanal qui bondit sur vous. Vous n'avez plus

78 *Sorti de l'ombre, le Bakanal bondit sur vous.*

le temps d'éviter son Assaut, et il vous faut le combattre jusqu'à la mort.

BAKANAL HABILETÉ : 19 ENDURANCE : 30

Si vous êtes vainqueur, rendez-vous au **245**.

79

Vous entrouvrez la porte, juste assez pour pouvoir verser la fiole de Ronces des Cimetières dans le gruau bouillonnant. Vous n'avez pas à attendre très longtemps : bientôt, les Barbares des Glaces ont absorbé leur dernier dîner, et dès que leurs cadavres sont étendus sur le sol, vous commencez à inspecter la cuisine en toute tranquillité. C'est une petite cuisine qui comporte des réserves d'herbes étonnamment abondantes. « Elles viennent sans doute des comptoirs de Liouk », dit Loi-Kymar en regardant le contenu des bocaux et des pots rangés sur des étagères. Il prend plusieurs bocaux d'herbes et les entasse dans les vastes poches de sa toge. Vous avez hâte, pour votre part, de quitter les lieux, de peur que d'autres gardes n'arrivent, mais le vieux magicien semble complètement absorbé par ses découvertes. Il ouvre deux petits bocaux et en mélange le contenu en insistant pour que vous partagiez avec lui cette mixture. « Elle vous donnera des forces, Loup Solitaire, assure-t-il. » Tandis que vous mangez les feuilles séchées qu'il vous offre, vous sentez tout votre corps rayonner de chaleur. Vous gagnez 6 points d'ENDURANCE à ajouter à votre total actuel. Rendez-vous à présent au **301**.

80

Lorsque le Languabarb surexcité surgit du tunnel, vous attendez le dernier moment pour faire un bond de côté. Utilisez la *Table de Hasard* pour obtenir un chiffre. Si vous tirez le 0 ou le 1, rendez-vous au **123**. Si vous tirez entre 2 et 9, rendez-vous au **59**.

81

Vous vous apprêtez à cacher le cadavre sous l'escalier lorsque vous entendez soudain d'étranges cris et des hurlements rauques qui viennent du couloir. Un groupe de Barbares des Glaces s'avance vers vous. La vue de ces guerriers vous laisse un instant bouche bée : ce sont en effet de hideux mutants. Rempli de crainte et de dégoût, vous montez l'escalier quatre à quatre jusqu'à un vaste palier où vous trouvez un couloir orienté nord-sud. Si vous souhaitez courir en direction du nord, rendez-vous au **198**. Si vous préférez aller vers le sud, rendez-vous au **69**.

82

La grotte est sombre et le sol descend en pente raide dans l'obscurité. Vous parcourez une soixantaine de mètres avant de distinguer une lueur un peu plus loin. Lorsque vous vous approchez, vous entendez des bruits, des bruits produits par un animal. Si vous maîtrisez la Discipline Kaï de la Communication Animale, rendez-vous au **329**. Si vous préférez dégainer votre arme et partir à l'attaque, rendez-vous au **138**. Enfin, si vous jugez plus sage de vous approcher sans bruit pour essayer de voir de quoi il retourne, rendez-vous au **107**.

Les Barbares des Glaces mutants semblent contrôlés par une hideuse créature qui se cache dans l'ombre d'une porte, un peu plus loin. Ce monstre est doté d'une grosse tête humaine qui repose sur deux pieds. Il n'a ni torse, ni membres, mais il est doté en revanche d'une longue queue de reptile qui lui permet de conserver son équilibre. Les Barbares des Glaces mutants vous attaquent simultanément et vous devrez les combattre comme s'il s'agissait d'une seule et même créature. Ils sont insensibles à la Puissance Psychique, mais l'être étrange auquel ils obéissent est doué, quant à lui, d'une redoutable Force Mentale qui vous fait perdre 2 points d'ENDURANCE, à moins que vous ne maîtrisiez la Discipline Kaï du Bouclier Psychique.

BARBARES
DES GLACES
MUTANTS HABILETÉ : 18 ENDURANCE : 24

Si vous sortez vainqueur de ce combat, rendez-vous au **313**.

84

Vous remarquez que le Languabarb porte au cou un Triangle de Pierre Bleue accroché à une chaînette et vous comprenez tout à coup à quoi sert cette amulette. Vous vous en emparez, vous vous précipitez vers la porte de la forteresse et vous appliquez l'objet sur le triangle gravé dans le mur. L'amulette s'y encastre exactement. Le rebord sur lequel vous vous tenez se met alors à vibrer et vous entendez le grincement de pierres qui frottent l'une contre l'autre. La porte s'ouvre, mais à peine s'est-elle entrebâillée d'un mètre qu'un craquement retentit : elle commence alors à se refermer. Sans hésiter une seconde, vous plongez à l'intérieur de la forteresse ; un instant plus tard, la lourde porte claque derrière vous. Rendez-vous au **221**.

85

Pendant trois jours et trois nuits, vous avancez à grand-peine sur le glacier au tracé sinueux. Les chutes, les bleus, les tibias écorchés, les crevasses, les blocs de glace coupants comme des rasoirs et le vent mordant qui souffle sans cesse, se conjuguent pour épuiser vos forces. Vous avez cependant la chance d'échapper à un blizzard et vous parvenez enfin, après une marche harassante, à atteindre l'abri du mont des Brumes au pied duquel vous décidez d'établir votre campement. Cette immense montagne de près de 4 000 mètres d'altitude a la forme d'un gigantesque aileron de requin. Lorsque les vents d'ouest soufflent à son sommet, ils entraînent de longs panaches de brume à travers le glacier de Viad ; c'est cet étrange phénomène qui a donné son nom à la montagne. Vous trouvez bientôt l'endroit idéal pour dresser votre tente, sur un sol couvert de rocaille. En quelques instants, tout est installé et vous voici à nouveau dans votre abri de toile. Avant de vous endormir, vous sortez quelques minutes pour satisfaire une exigence de la nature ; c'est alors que, par un pur hasard, vous apercevez une faible lueur qui filtre à travers une fissure de la paroi rocheuse, au-dessus de vous. Si vous souhaitez aller voir de plus près cette lueur insolite, rendez-vous au **49**. Si vous préférez ne pas y prêter attention et retourner sous votre tente, rendez-vous au **212**. Enfin, si vous maîtrisez la Discipline Kaï du Sixième Sens, rendez-vous au **98**.

86

Vous introduisez l'extrémité de votre lame dans le trou de la serrure en essayant d'actionner le mécanisme d'ouverture. La gorge de la serrure est cependant très profonde et il vous est difficile de parvenir à vos fins. Utilisez la *Table de Hasard* pour obtenir un chiffre. Si vous possédez la Discipline Kaï de la Maîtrise des Armes et qu'elle s'applique précisément à l'arme que vous êtes en train d'utiliser, vous aurez le droit d'ajouter 3 au chiffre obtenu. Si le total se situe entre 0 et 7, rendez-vous au **47**. Si ce total se situe entre 8 et 12, rendez-vous au **194**.

87

Vous vous précipitez vers l'endroit où se trouvait la créature lorsque vous l'avez aperçue, mais vous ne découvrez rien, sinon que le couloir tourne brusquement vers l'ouest. Quelques mètres plus loin, un escalier mène à une arcade plongée dans l'ombre, à une dizaine de mètres au-dessus du sol. Au-delà de l'escalier, le couloir se prolonge jusqu'à une autre porte de pierre à côté de laquelle un levier est fixé dans le mur. Ce levier a été relevé et la porte est fermée. Il n'y a plus trace de l'étrange créature. Si vous souhaitez monter l'escalier, rendez-vous au **323**. Si vous préférez ouvrir la porte pour examiner la pièce qui se trouve derrière, rendez-vous au **246**.

88

Tandis que le serpent à deux têtes rampe vers vous le long de la corniche, vous le voyez ouvrir les mâchoires de sa seconde tête, laissant apparaître deux crochets jaunes au bout desquels perle une goutte de venin. Vous ôtez aussitôt votre épaisse tunique que vous enroulez autour de votre bras. Vous pourrez ainsi vous protéger contre l'une des têtes pendant que vous combattrez l'autre. Il est à noter que cette créature est insensible à la Discipline Kaï de la Puissance Psychique.

JAVEK HABILETÉ : 15 ENDURANCE : 15

Si vous perdez des points d'ENDURANCE au cours de ce combat, ne les soustrayez pas de votre total. Utilisez d'abord la *Table de Hasard* pour obtenir un chiffre. Si vous tirez un chiffre de 0 à 8, le Javek aura enfoncé ses crochets dans la tunique qui protège votre bras et vous n'aurez alors perdu aucun point d'ENDURANCE. Si en revanche, vous tirez le 9, les crochets vous auront atteint. Or, le venin du Javek est le poison le plus puissant qui existe dans toutes les terres de Magnamund. Votre cœur s'arrêtera donc de battre quelques secondes plus tard et votre cadavre tombera dans le précipice. Dans cette hypothèse, il va sans dire que votre mission serait brutalement interrompue. Si vous sortez vainqueur de ce combat, rendez-vous au **269**.

89

Le Barbare des Glaces se met à hurler dans votre dos, en prononçant des paroles incompréhensibles. Vous avez été découvert. Maudissant votre malchance, vous dégainez aussitôt votre arme. En vous retournant, vous voyez le Barbare tirer sur un levier fixé au mur du fond. Trois Loups Maudits apparaissent alors dans l'encadrement d'une porte secrète qui vient de s'ouvrir. Les trois créatures se précipitent sur vous et vous allez devoir les combattre jusqu'à la mort, chacune à son tour.

	HABILETÉ	ENDURANCE
Premier LOUP MAUDIT	15	24
Deuxième LOUP MAUDIT	14	23
Troisième LOUP MAUDIT	14	20

Si vous sortez vainqueur de ce combat, rendez-vous au **161**.

90

Après avoir essuyé le bouchon de la fiole, vous le dévissez et vous reniflez avec prudence le liquide rouge. Si vous maîtrisez la Discipline Kaï de la Guérison, rendez-vous au **233**. Dans le cas contraire, vous vous méfiez des effets

88 *Le serpent à deux têtes rampe vers vous...*

peut-être nocifs de ce liquide et vous vous en débarrassez. Retournez au **10** pour faire un nouveau choix.

91

Vous retenez votre respiration tandis que vous vous enduisez le torse de cette graisse gluante. A mesure que l'huile imprègne votre peau, cependant, vous sentez une bienfaisante chaleur rayonner dans tout votre corps, comme si vous vous trouviez près d'un feu. Et plus vous appliquez de graisse, plus vous avez chaud. Vous remarquez également que l'épouvantable odeur s'est dissipée. « Lorsque l'huile pénètre dans la peau, on perd l'odorat, » dit Irian. Il recommande aux autres de se frictionner à leur tour avec l'huile de Bakanal ; cette substance apporte une protection particulièrement efficace contre les températures glaciales de Kalte, et elle pourrait bien se révéler particulièrement utile dans un proche avenir. Lorsque vous revenez sous votre tente, les chiens Kanu ne semblent pas apprécier l'odeur que vous dégagez : quand vous passez près d'eux, ils se mettent à gémir et enfouissent leur museau dans la neige. Rendez-vous au **134**.

92

Vous suivez le passage pendant quelques minutes jusqu'à ce qu'il tourne vers la gauche ; à votre grande consternation, vous constatez alors qu'au-delà de cette courbe, une fissure s'est ouverte, provoquant l'écroulement du sol et des murs. Un large trou noir béant s'ouvre devant vous. Si vous avez une Corde, rendez-vous au **133**. Dans le cas contraire, vous n'aurez plus qu'à rebrousser chemin pour aller explorer l'autre tunnel. Rendez-vous pour cela au **297**.

93

Vous luttez pendant presque cinq minutes qui vous semblent interminables tant la douleur que vous éprouvez est intense. Peu à peu, toute volonté vous quitte, vous ne pouvez plus résister à la domination psychique de Vonotar et vous vous jetez sur la lame du Glaive de Sommer, ainsi qu'il vous l'ordonne. Votre mission s'achève ici en même temps que votre vie.

94

Vous avez glissé et vous êtes tombé dans l'eau glacée ; vous hurlez de douleur tandis que le froid vous saisit jusqu'à la moëlle des os. Vous luttez de toutes vos forces pour essayer de regagner la rive, mais c'est une entreprise désespérée. Utilisez la *Table de Hasard* pour obtenir un chiffre. Si vous tirez un chiffre entre 0 et 6, vous avez de la chance : vous parvenez en effet à vous hisser hors de l'eau glacée et vous vous écroulez épuisé sur la rive. Vous perdez 3 points d'ENDURANCE avant de vous rendre au **176**. Si vous tirez un chiffre entre 7 et 9, l'eau glacée a tôt fait de vous paralyser les bras et quelques minutes plus tard, vous vous êtes noyé. Votre mission s'achève donc ici.

95

Le froid intense et les assauts incessants du cyclone épuisent très vite vos réserves d'énergie. Un engourdissement inexorable vous envahit tandis que le Démon de Glace prend possession de votre corps, impatient de commencer une nouvelle existence au cours de laquelle il exercera ses redoutables pouvoirs. Pour les créatures d'Ikaya et bientôt du pays de Kalte tout entier, l'aube vient de se lever sur un âge de tyrannie, une tyrannie terrifiante et implacable dont vous ne verrez cependant jamais les effets, car votre vie s'achève ici, en même temps, bien entendu, que votre mission.

96

Vous vous enveloppez dans votre cape blanche et vous vous cachez derrière une stalagmite, à quelques mètres de la rive du lac. Retenant votre souffle, le corps parfaitement immobile, vous entendez les pas et les grognements du Languabarb s'approcher de plus en plus près. Pour savoir si la mise en pratique de votre Discipline Kaï vous a permis de passer inaperçu, utilisez la *Table de Hasard*. Si vous vous êtes enduit le torse d'huile de Bakanal, vous ajouterez 2 au chiffre obtenu. Si le total se situe entre 0 et 8, rendez-vous au **59.** Si ce total se situe entre 9 et 11, rendez-vous au **214.**

97

Tout au long de ce couloir se dressent des pilastres de pierre disposés à intervalles réguliers. Ils ont plusieurs dizaines de centimètres d'épaisseur et vous permettent donc de vous cacher en cas de besoin. A une vingtaine de mètres devant vous, vous apercevez un Barbare des Glaces qui monte la garde au pied d'un large escalier de pierre. Vous vous dissimulez aussitôt derrière un des piliers, réfléchissant à un moyen de vous débarrasser de ce gêneur. Il n'en existe que deux : distraire son attention, ou le faire taire à tout jamais. Si vous possédez un Diamant, rendez-vous au **24.** Si vous souhaitez distraire l'attention du garde à l'aide de quelques Pièces d'Or, rendez-vous au **152.** Enfin, si vous jugez préférable de l'attaquer, rendez-vous au **208.**

98

Vous sentez que quelqu'un, homme ou animal, se cache derrière cette fissure, sans pouvoir deviner si l'être en question est animé d'intentions bienveillantes ou au contraire agressives. Si vous souhaitez examiner la fissure de plus près, rendez-vous au **49.** Si vous préférez retourner sous votre tente, rendez-vous au **212.**

99

Lorsque vous tirez de son fourreau le puissant Glaive de Sommer, un flamboiement doré illumine l'obscurité du passage. Le Monstre d'Enfer recule d'un pas en poussant un hurlement, ses yeux rouges brillant de haine et de terreur. Il a reconnu en effet l'arme que vous brandissez et il sait que son pouvoir peut le détruire à jamais. Dans une tentative désespérée, le Monstre d'Enfer vous attaque en faisant usage de sa terrible Puissance Psychique. A moins que vous ne maîtrisiez la Discipline Kaï du Bouclier Psychique, vous perdrez 2 points d'ENDURANCE supplémentaires à chaque Assaut (si, lors d'un Assaut, la *Table des Coups Portés* vous indique que vous ne subissez pas de perte d'ENDURANCE, il vous faudra malgré tout retrancher ces 2 points). Votre adversaire, lui, est insensible à la Puissance Psychique d'autrui mais en revanche, en tant que mort vivant, il est particulièrement vulnérable aux coups du Glaive de Sommer. Aussi aurez-vous le droit de doubler tous les points d'ENDURANCE perdus par la créature au cours de ce combat.

MONSTRE
D'ENFER HABILETÉ : 22 ENDURANCE : 30

Si vous sortez vainqueur de l'affrontement, rendez-vous au **230.**

100

Le traître bossu laisse échapper un cri de surprise en vous voyant soudain apparaître devant lui, mais il se reprend bientôt et se précipite vers une porte aménagée dans le mur du fond. Les Barbares des Glaces tirent leur épée ; leurs mouvements, cependant, sont lents et incertains. Vous parvenez à les repousser avant qu'ils n'aient pu vous porter le moindre coup, et vous vous lancez à la poursuite du mage qui s'enfuit. La porte par laquelle il s'est éclipsé ouvre sur un palier d'où partent deux escaliers. A votre droite, un escalier en colimaçon descend vers des étages inférieurs, à votre gauche, une volée de marches monte vers une arcade. Il n'y a aucune trace de Vonotar alentour. Si vous souhaitez descendre l'escalier en colimaçon, rendez-vous au **148.** Si vous préférez monter les marches qui mènent à l'arcade, rendez-vous au **61.**

101

Vous avez de la chance, car les Bakanals ont pour particularité de dormir profondément et longtemps, parfois trois jours de suite lorsqu'ils ont fait un bon repas. Aussi n'avez-vous eu aucune difficulté à plonger la créature dans un sommeil éternel : le coup que vous lui avez porté l'a tuée sans qu'elle se rende compte de rien. Vous pouvez à présent quitter les lieux en vous rendant au **235.**

102

Un petit panneau à la base du pilier de gauche vient de coulisser, révélant un compartiment secret. A l'intérieur, vous découvrez une petite statuette : il s'agit d'une Effigie de pierre qui représente une étrange créature dotée de tentacules. Si vous souhaitez conserver cette Effigie, glissez-la dans votre poche et inscrivez-la sur votre *Feuille d'Aventure* dans la case Objets Spéciaux. Si vous souhaitez essayer à nouveau d'appuyer sur les boutons, rendez-vous au **65.** Si vous préférez quitter le temple, rendez-vous au **306.**

103

Le lendemain, un fort vent se lève en provenance du nord. Des heures durant, il vous souffle au visage sans un instant de répit. La banquise de Liouk se transforme peu à peu, au fur et à mesure de votre avance, en une masse de blocs de glace déchiquetés qui pointent leurs arêtes vers le ciel. Vous ne parvenez à progresser que lentement et avec difficulté. Vers midi, vous tremblez de froid, vos lèvres gercées saignent et les rafales de vent glacé vous ont recouvert des pieds à la tête d'une fine pellicule de neige. Vous dirigez votre traîneau vers un étroit passage qui marque la jonction entre la banquise et la plaine de Hrod. Ce défilé vous protège du vent et pour la première fois de la journée, vous bénéficiez d'une bonne visibilité. Soudain, des cris au-dessus de votre tête vous indiquent que vous n'êtes pas, vos guides et vous-même, les seules créatures à avoir choisi cet endroit pour vous abriter. Quelques secondes plus tard, en effet, trois gros Bakanals sautant du mur de glace se jettent sur vos traîneaux et y atterrissent dans un grand fracas. Votre compagnon de traîneau, Irian, est projeté sur la glace et tombe assommé. Un Bakanal affamé vous empêche de lui porter secours et il est inutile de tenter d'échapper à la créature carnivore : il vous faut la combattre jusqu'à la mort de l'un de vous deux.

BAKANAL HABILETÉ : 19 ENDURANCE : 30

Si vous sortez vainqueur de l'affrontement, rendez-vous au **305.**

104

Vous arrivez enfin devant une grande porte de pierre. A la différence des autres, celle-ci n'est pas actionnée par un levier mais vous remarquez en revanche une petite fente creusée dans le mur, juste à côté de la porte. Si vous possédez un Disque de Pierre Bleue, rendez-vous au **135**. Dans le cas contraire, il vous faudra rebrousser

103 *Trois gros Bakanals se jettent sur vos traîneaux...*

chemin le long du couloir et prendre la direction du sud en vous rendant au **330.**

105

Vous faites une chute d'une cinquantaine de mètres et vous tombez sur un énorme tas de neige poudreuse. Vous êtes secoué et vous avez le souffle coupé, mais vous n'êtes pas blessé. Il vous faut presque une demi-heure pour vous dégager de cette masse de neige et quand enfin vous en émergez, le spectacle qui s'offre à vos yeux vous laisse bouche bée. Une immense caverne s'étend devant vous ; de gigantesques stalactites de cristal pendent d'une voûte de glace et la neige fondante qui s'en égoutte peu à peu emplit l'espace d'une étrange musique. Vous êtes en train de contempler un monde inconnu que peu de Sommerlundois ont eu l'occasion de voir : vous venez en effet de tomber dans les Grottes de Kalte. Cette caverne est une toute petite partie d'un immense labyrinthe souterrain bâti par les Anciens des siècles plus tôt, à une époque où les Sommerlundois, pas plus que les Maîtres des Ténèbres, n'avaient encore mis le pied sur les terres de Magnamund. Ses vastes tunnels, ses temples et ses salles ont abrité jadis une race de créatures pour qui la glace était un environnement naturel ; sous ces voûtes résonnaient leurs pas et l'écho de leurs paroles. Des coupes de M'lare pendent encore au plafond, baignant la caverne d'une lumière éternelle. Vous appelez à grands cris, la tête levée vers la cheminée par laquelle vous êtes tombé, mais personne ne vous répond. Irian et Fenor sont persuadés que vous n'avez pas survécu et ils ont déjà entrepris de rejoindre le vaisseau

Cardonal. Les parois de la caverne sont raides et lisses : il vous serait impossible de les escalader pour remonter à la surface. Au loin, en direction du nord, vous apercevez un tunnel grossièrement creusé dans la pierre. Il existe un tunnel semblable à l'ouest. Si vous souhaitez explorer le tunnel situé au nord, rendez-vous au **321**. Si vous préférez explorer le tunnel qui se trouve à l'ouest, rendez-vous au **275**. Enfin, si vous maîtrisez la Discipline Kaï du Sixième Sens, rendez-vous au **64.**

106

Lorsque vous franchissez l'ouverture pratiquée dans la porte, vous voyez trois Barbares des Glaces qui avancent vers vous le long du couloir. Ce sont des guerriers vêtus de fourrure et armés d'épées en os qui sont chacune incrustée de dents pointues sur toute la longueur de la lame. En dépit de la rapidité de leur attaque, vous avez le temps de remarquer un étrange détail : leurs yeux sont complètement blancs et dépourvus de pupilles. Ils vous attaquent comme un seul homme, portant leurs coups et évitant les vôtres d'un même mouvement. Il vous faut les combattre comme s'il s'agissait d'un seul et même adversaire. Ces trois Barbares sont insensibles à la Discipline Kaï de la Puissance Psychique.

BARBARES
DES GLACES HABILETÉ : 19 ENDURANCE : 36

Vous pouvez prendre la fuite à tout moment en vous glissant à nouveau dans la salle que vous venez de quitter pour vous échapper ensuite par le passage orienté au nord. Rendez-vous pour cela au **145.** Si vous sortez vainqueur du combat, rendez-vous au **338.**

107

Lorsque vous jetez un regard dans la vaste caverne de glace, un peu plus loin, vous apercevez avec horreur trois grosses créatures à l'aspect repoussant qui sont en train de se battre en échangeant des coups de griffes. Elles se disputent une carcasse déchirée, étalée sur le sol. Ces créatures sont des Languabarbs, de sauvages prédateurs du pays de Kalte. Si vous vous êtes enduit la peau d'huile de Bakanal, rendez-vous au **202**. Si vous n'êtes pas imprégné d'huile de Bakanal, vous pouvez éviter les Languabarbs en revenant sur vos pas, en direction de l'autre tunnel. Rendez-vous pour cela au **284**. Si enfin vous souhaitez attaquer les trois créatures, rendez-vous au **138.**

108

Vous voyez passer la patrouille devant vous et vous attendez que le bruit de pas se soit éloigné pour monter l'escalier. Mais soudain, un cri retentit, vous faites volte-face et vous apercevez la silhouette d'un Barbare des Glaces qui vient d'apparaître dans l'obscurité. Il se précipite sur vous en brandissant une lance à la pointe d'os.

BARBARE
DES GLACES HABILETÉ : 16 ENDURANCE : 24

Vous avez le droit de fuir après le premier Assaut en montant l'escalier quatre à quatre. Dans ce cas, si vous souhaitez prendre à droite la direction du sud, rendez-vous au **330**. Si vous préférez prendre la fuite en allant à gauche, en direction du nord, rendez-vous au **198**. Si vous combattez jusqu'au bout et que vous soyez vainqueur, rendez-vous au **282.**

109

Votre attaque est rapide et mortelle et les Languabarbs ne s'éveilleront jamais de leur sommeil. Vous fouillez rapidement les lieux, mais vous ne trouvez rien d'intéressant. Un rugissement lointain retentit alors et vous estimez préférable de partir au plus vite en empruntant le tunnel orienté au nord. Rendez-vous au **235.**

110

La porte de pierre s'ouvre en grinçant sur une petite salle faiblement éclairée. Un monolithe noir de 2,50 mètres environ se dresse devant vous. Il est couvert d'étranges symboles gravés à sa surface. Vous vous en approchez pour l'examiner de plus près lorsque, soudain, la porte commence à se refermer derrière vous. Or, il n'y a pas de levier de ce côté-ci du mur. Si vous souhaitez vous ruer sur la porte pour tenter de passer par l'entrebâillement, rendez-vous au **283.** Si vous préférez rester où vous êtes, rendez-vous au **256.**

111

La porte glisse latéralement et révèle un large couloir bien éclairé orienté nord-sud. Le sourd grondement que vous aviez perçu auparavant semble plus intense ici que dans l'obscurité du passage situé derrière vous. A votre gauche, vous remarquez une porte et au loin, un croisement. Si vous souhaitez vous diriger vers ce croisement, rendez-vous au **254.** Si vous préférez refermer la porte secrète et poursuivre votre exploration du passage obscur, rendez-vous au **336**.

112

Avant que vous ne vous installiez pour la nuit dans la tiédeur de vos Couvertures de Fourrure, Fenor prépare un solide Repas constitué de viande séchée marinée dans du Wanlo, un alcool fort. Bientôt, vous sombrez dans un profond sommeil tandis que la toile de la tente claque sous la puissance du vent. Votre nuit, cependant, est peuplée de cauchemars dans lesquels Vonotar le Traître vous apparaît en une succession d'images terrifiantes. Rendez-vous au **291.**

113

La rapidité de vos réflexes vous a évité d'être écrasé par la porte. Vous remettez un peu d'ordre dans votre tenue quelque peu dérangée par votre bond acrobatique et vous poursuivez votre chemin le long du couloir. Rendez-vous au **63.**

114

Après avoir parcouru une cinquantaine de mètres environ, vous arrivez dans une autre caverne. Un Bakanal, féroce créature carnivore des terres de Kalte, est étendu sur un gros bloc de glace, au beau milieu de cet espace glacial. Il semble profondément endormi sans doute après avoir fait un copieux repas à en juger par les ossements répandus autour de lui. Un autre tunnel s'ouvre dans le mur du fond. Si vous souhaitez passer sans bruit devant le Bakanal pour pouvoir emprunter le tunnel, rendez-vous au **23**. Si vous préférez attaquer la créature, rendez-vous au **101**. Enfin, si vous maîtrisez la Discipline Kaï de la Chasse, rendez-vous au **279.**

115

Vous vous apercevez qu'un grand nombre de ces os répandus parmi les stalagmites ont appartenu a des squelettes humains. Des crânes fracassés, des phalanges, des morceaux de thorax sont ainsi à demi ensevelis dans la glace. Vous êtes sur le point d'abandonner vos investigations lorsqu'une petite boîte en os gravé attire votre attention. Si vous souhaitez ouvrir cette boîte, rendez-vous au **218.** Si vous préférez ne pas y toucher, vous pouvez à présent examiner la porte de la forteresse en vous rendant au **52.**

116

Vous versez la potion sur votre peau irritée et meurtrie et vous ressentez immédiatement les effets bienfaisants du liquide. La douleur disparaît peu à peu et l'enflure se résorbe. La Pierre Rayonnante est une roche maudite qui émet une énergie mortelle à laquelle tous les êtres vivants sont sensibles. Si vous n'aviez pas eu la Potion de Laumspur en votre possession, la pierre maléfique vous aurait certainement tué. Vous jetez la Pierre Rayonnante ainsi que la fiole à présent vide, puis vous mettez votre *Feuille d'Aventure* à jour. Vous poursuivrez ensuite votre chemin le long du couloir en vous rendant au **97**.

117

Le vent se calme au cours de la nuit et le jour se lève en une aube paisible. Loin au nord, se dessinant à l'horizon, vous apercevez Ikaya, la forteresse de glace. L'immense citadelle aux tours de cristal offre un spectacle fascinant, rendu plus magnifique encore par un étrange phénomène : la forteresse semble en effet avoir été retournée et suspendue dans les airs, au-dessus d'un gros nuage. « C'est un mirage, comme il y en a parfois dans les terres de Kalte, vous explique Dyce ; ici, l'air est tout à fait pur, sans la moindre poussière et la terre se reflète dans les nuages. C'est bien Ikaya que vous voyez là-bas, mais la forteresse elle-même se trouve au-delà de l'horizon. Elle doit être à une soixantaine de kilomètres, environ. » Dyce saisit une pelle et entreprend de dégager les chiens Kanu enterrés sous la neige. Vous réveillez les autres, et tout le monde prend son petit déjeuner avant de repartir. Vers midi, vous atteignez le bord d'une gorge profonde. Elle est large d'une douzaine de mètres et, apparemment, il n'existe aucun moyen de la traverser. Vous êtes donc contraint de suivre le bord du précipice en direction de l'est. Après avoir parcouru ainsi plus de quatre kilomètres, vous découvrez un étroit pont de glace. Il semble malheureusement fort mince, et il est peu probable qu'il puisse supporter le poids d'un traîneau chargé. A présent, vous distinguez à l'horizon la forteresse d'Ikaya mais, cette fois, ce n'est pas un mirage. Si vous souhaitez prendre le risque de traverser le pont avec votre traîneau, rendez-vous au **73.** Si vous préférez décharger le traîneau et transporter votre équipement de l'autre côté à raison d'un objet à la fois, rendez-vous au **162.** Si enfin vous jugez plus sage d'abandonner votre traîneau et de continuer à pied, rendez-vous au **223.**

118

Le vieil homme est beaucoup trop faible pour grimper tout seul. Vous lui conseillez alors d'attacher la Corde autour de sa taille pour que vous puissiez ainsi le hisser hors de sa prison. Avec des gestes lents, il suit vos instructions et, lorsqu'il est enfin prêt, vous avez la surprise de constater, en le soulevant, qu'il ne pèse pas plus lourd qu'un enfant. Quelques minutes plus tard, vous avez réussi à le tirer hors de son cachot et il se retrouve en face de vous, dans le couloir. Il vous faut à présent découvrir qui il est. Rendez-vous au **56.**

119

De gros morceaux de glace se détachent du pont et une large fissure apparaît. Vous parvenez malgré tout à maintenir le traîneau sur sa trajectoire et vous atteignez le bord opposé de la gorge. Malheureusement, vous avez tôt fait de constater que l'un des patins est cassé et irréparable. Vous êtes donc contraint d'abandonner le traîneau et de continuer à pied. Il contient toujours, cependant, du matériel fort utile. Vous pouvez emporter une partie de ce matériel en le rangeant dans votre Sac à Dos (mais souvenez-vous que vous n'avez pas le droit de transporter plus de huit objets). Voici le choix qui vous est offert :

- Des vivres équivalents à 5 Repas (chaque Repas compte pour un objet et vous pouvez en prendre un ou plusieurs selon vos besoins).
- Des Couvertures de Fourrure (elles comptent pour 2 objets).
- Une Tente (elle compte pour 3 objets).
- Une Corde (elle compte pour 2 objets).

Fenor, Irian et Dyce se hâtent de vous rejoindre, mais lorsqu'ils sont parvenus au milieu du pont, une catastrophe se produit. Dyce en effet, se prend le pied dans une fissure et tombe. Horrifié, vous le voyez glisser dans le vide ; au dernier moment, cependant, il parvient à s'accrocher au bord du pont et reste ainsi suspendu, les doigts crispés sur la glace. « Au secours ! Aidez-moi ! » hurle-t-il, tandis que ses mains glissent peu à peu. Si vous souhaitez venir en aide à Dyce, rendez-vous au **19.** Si vous estimez qu'il est trop dangereux de lui porter secours, rendez-vous au **257.**

120

Le cyclone souffle avec tant de rage qu'il en déchire presque vos vêtements en vous bombardant sans cesse d'éclats de pierre ou de glace, pointus comme des aiguilles. Lorsque vous levez le Glaive de Sommer, un mugissement sonore retentit à vos oreilles. C'est un hurlement d'horreur et de désespoir. Vous portez alors un coup de votre arme redoutable, fendant le tourbillon, transperçant la substance impalpable du Démon. Un instant plus tard, le cyclone a disparu et les effroyables gémissements se sont tus. Il ne reste plus, éparpillés sur le sol, que les débris fracassés d'une statue creuse. Si vous souhaitez examiner l'autel, rendez-vous au **274.** Si vous préférez quitter le temple, vous pouvez partir en franchissant l'arcade située au nord. Rendez-vous pour cela au **306.**

121

Vous êtes sur le point de perdre votre concentration lorsque enfin la corde enroulée autour de votre pied se relâche et vous libère. Vous sautez alors du traîneau une seconde à peine avant qu'il ne tombe dans la crevasse et vous entendez les hurlements terrifiants des chiens Kanu qui sont précipités dans l'obscurité du gouffre. Fenor vient aussitôt vous secourir et vous tire en arrière pour vous éloigner du bord instable dont la glace commence à céder sous votre poids. Vous avez perdu vos chiens, votre traîneau et la plus grande partie de vos provisions, mais au moins, vous êtes vivant. Fenor et vous-même sautez d'un bond par-dessus la crevasse et vous rejoignez les autres. Après une longue discussion, vos guides acceptent de poursuivre la mission bien que les épreuves qui vous attendent promettent d'être deux fois plus pénibles en raison de la perte de votre équipement. Au loin, vous apercevez un passage étroit qui marque la jonction entre la banquise et la plaine de Hrod. A la nuit tombée, vous avez atteint l'abri de ce défilé et vous y installez votre campement. En faisant l'inventaire des vivres qui vous restent, vous vous apercevez qu'il faudra diviser les rations par deux si vous voulez que l'expédition puisse atteindre Ikaya. Le maigre Repas que vous prenez en guise de dîner vous fait perdre 1 point d'ENDURANCE. Rendez-vous au **325.**

122

Loi-Kymar vous tend quelques lambeaux d'étoffe pour vous boucher les narines. Vous prenez une profonde inspiration, vous saisissez le bol d'herbes fumantes et vous quittez la cuisine. Mettant en pratique la Discipline Kaï du Camouflage, vous vous fondez parmi les ombres du couloir et vous vous approchez de plus en plus près des Barbares qui ne se doutent de rien. Vous posez alors le bol derrière un pilastre et vous retournez dans la cuisine en attendant que les vapeurs fassent leur effet. Moins d'une minute plus tard, les Barbares des Glaces tombent évanouis et vous vous dirigez vers la salle du Trône du Brumalmarc sans avoir été repéré. A votre grande satisfaction, vous constatez que l'une des portes incrustées de pierreries n'est pas fermée à clé. En vous préparant à passer à l'attaque, vous entrebâillez doucement la porte et vous entrez dans le repaire de Vonotar. Rendez-vous au **173.**

123

La bête est sur vous, pointant sa langue recouverte d'un poil rêche et venimeux. Il vous faut combattre la créature.

LANGUA-
BARB HABILETÉ : 11 ENDURANCE : 30

Si vous perdez des points d'ENDURANCE au cours d'un Assaut, rendez-vous immédiatement au **66.** Si vous remportez le combat sans perdre de points d'ENDURANCE, rendez-vous au **174.**

124

Vous sentez une présence de l'autre côté de l'arcade. Vous vous concentrez de toutes vos forces, mais sans parvenir à deviner s'il s'agit d'un être animé de bonnes ou de mauvaises intentions. Vous insistez en déployant toutes les ressources de votre pouvoir mental, mais rien n'y fait, il vous est impossible d'en savoir davantage. Votre Discipline Kaï vous a au moins averti que quelqu'un se trouvait là et vous franchissez donc avec prudence l'arcade envahie de brume. Rendez-vous au **264.**

125

Vous avez marché pendant deux heures environ le long du passage qui descend en pente douce et régulière sur toute sa longueur ; d'après vos estimations, vous vous trouvez à présent à peu près soixante mètres plus bas qu'au début de votre exploration et vous atteignez enfin une vaste caverne de glace au centre de laquelle s'étend un lac. Il est recouvert d'une fine couche de glace, et l'eau au-dessous semble obscure et profonde. Vous vous agenouillez sur la rive pour scruter ces mystérieuses profondeurs et vous distinguez alors une grande forme noire qui glisse près de la surface. Il y a donc un être vivant sous cette couche de glace, et un être d'une taille gigantesque. Soudain, vous entendez des grognements derrière vous : ce sont ceux d'un Languabarb. Les bruits viennent du tunnel. Il n'existe qu'une seule issue qui permette de quitter la caverne : c'est un autre tunnel qui s'ouvre dans la paroi opposée, de l'autre côté du lac. Si vous souhaitez traverser le lac en courant sur sa surface gelée, rendez-vous au **322.** Si vous préférez attendre le Languabarb et le combattre, rendez-vous au **207.** Enfin, si vous maîtrisez la Discipline Kaï du Camouflage, rendez-vous au **96.**

126

Vous remarquez que les murs et le plafond du couloir sont couverts d'étranges sculptures. Elles semblent représenter de petits cyclones ou des tornades qui changent peu à peu de forme pour prendre une apparence presque humaine. Bien que ces hiéroglyphes vous intriguent, vous ne vous attardez pas à les examiner et vous poursuivez votre chemin. Un peu plus loin, le tunnel tourne brusquement vers la droite. Vous apercevez alors une autre porte de pierre aménagée dans le mur nord. Le levier qui la commande est relevé et la porte fermée. Au bout du couloir, après la porte, un escalier monte vers de mystérieuses ténèbres. Si vous souhaitez examiner cette porte, rendez-vous au **246.** Si vous préférez continuer tout droit et monter l'escalier, rendez-vous au **323.**

125 *Soudain, vous entendez le grognement d'un Languabard.*

127

Vous sentez que ce Casque est doté d'un pouvoir magique qui pourrait se révéler utile lors de vos futurs combats. Vous ne décelez aucune onde maléfique provenant de cet objet ni du coffre de pierre dans lequel il est conservé. Si vous souhaitez prendre ce Casque et vous en coiffer, rendez-vous au **308.** Si vous continuez malgré tout à vous méfier des effets nocifs qu'il pourrait produire, n'y touchez pas et dirigez-vous plutôt vers l'escalier pour voir où il mène. Rendez-vous pour cela au **323.**

128

Lorsque la porte de pierre s'ouvre en grinçant, l'homme, dans une réaction de surprise, rejette la tête en arrière. « Qui est là ? » murmure-t-il d'une voix fluette et étranglée. Ses yeux brillent dans l'ombre de son capuchon en lambeaux. Puis soudain, il semble vous reconnaître et se relève d'un bond. « Un Seigneur Kaï ! s'exclame-t-il, les dieux soient loués ! Je m'appelle Tygon et je suis un marchand de Ragadorn. Les Barbares des Glaces m'ont capturé à Liouk et amené ici. J'attends à présent d'être reçu en audience par leur nouveau Brumalmarc, le sorcier du Sommerlund qu'ils appellent Vonotar. Il semble que ce soit lui qui doive décider de mon sort. Mais si vous me délivrez de ce pentagramme magique, je ferai de mon mieux pour vous aider. Ce pentagramme ne vous est pas inconnu : il s'agit en effet d'un cercle de claustration, une prison magique qui ne peut être détruite que de l'extérieur. Pour libérer cet homme, il vous suffit d'effacer une partie du cercle tracé sur le sol. Si vous souhaitez le libérer, rendez-vous au **170**. S'il vous est arrivé de vous rendre à Ragadorn, vous voudrez peut-être lui poser quelques questions sur cette ville afin de dissiper les soupçons que vous pourriez avoir quant à son identité véritable ; rendez-vous pour cela au **11**. Enfin, si vous préférez refermer la porte de la cellule et retourner dans le couloir principal, rendez-vous au **254**.

129

Les poils rêches qui couvrent la langue du Languabarb sont imprégnés d'un puissant venin grâce auquel la créature paralyse ses victimes avant de les dévorer. En moins de cinq secondes, le poison fait son effet, et vous perdez connaissance avant même que votre tête n'ait heurté la neige. Lorsque vous reprenez conscience, vous sentez un poids vous peser lourdement sur la poitrine. C'est le cadavre d'Irian. Et tandis que vous essayez tant bien que mal de vous relever, une vision désolante s'offre à vous dans la brume du petit matin. Tous vos guides, en effet, sont morts et ce qui reste de votre équipement est dispersé alentour. Les cadavres des deux Languabarbs sont étendus dans la neige tachée de sang : tous deux ont été tués à coups d'épée. Engourdi par le froid et le choc que vous venez de recevoir, vous cherchez pendant une heure votre Sac à Dos, parcourant d'un pas chancelant l'étendue glacée, lorsque vous vous apercevez enfin qu'il est toujours accroché à vos épaules. Bien que vous soyez toujours dans un état second, vous parvenez malgré tout à découvrir un chemin escarpé qui vous permet de poursuivre votre route. Un vent glacial souffle sur ces montagnes hostiles et si vous ne vous êtes pas enduit le corps d'huile de Bakanal, vous perdez 3 points d'ENDURANCE. Rendez-vous au **155**.

130

Vous revenez sur vos pas en courant, vous arrivez au croisement et vous prenez le couloir orienté à l'est. Un Barbare des Glaces vous bloque le passage, mais vous vous ruez sur lui. D'un violent coup d'épaule qui vous ébranle de la tête aux pieds, vous le repoussez contre le mur et vous continuez à courir jusqu'à un escalier dont vous montez les marches quatre à quatre. Vous êtes parvenu à mi-hauteur lorsque vous entendez les hurlements sinistres de vos monstrueux poursuivants. Au sommet de l'escalier, vous découvrez un couloir orienté nord-sud. Si vous souhaitez prendre la direction du nord, rendez-vous au **198**. Si vous préférez aller au sud, rendez-vous au **69**.

131

Vous sentez que ces boutons commandent quelque ancien mécanisme et que, si on appuie dessus dans le bon ordre, une quelconque cachette, coffre ou compartiment secret, sera dévoilée. Mais il se peut aussi qu'en appuyant dessus dans le mauvais ordre, ils déclenchent un piège. Si vous souhaitez appuyer sur ces boutons, rendez-vous au **227**. Si vous ne voulez pas prendre le risque d'actionner un piège, vous pouvez quitter le temple en vous rendant au **306**.

132

A moins que vous ne veniez de prendre un Repas, vous perdez 3 points d'ENDURANCE, tant vous êtes affamé. Vous poursuivez votre chemin le long du tunnel pendant encore plus d'un kilomètre, mais bientôt, vous êtes fatigué et vous vous arrêtez pour dormir. Lorsque vous vous réveillez, vous vous sentez mieux ; vous n'avez cependant aucune idée du temps qu'a duré votre sommeil, car la lumière qui éclaire ces grottes ne change jamais, qu'il fasse jour ou nuit. Vous reprenez votre marche en continuant tout droit pendant des kilomètres. Vous traversez plusieurs grottes immenses où se dressent d'imposants piliers de cristal. Dans l'une de ces vastes cavernes, vous êtes fasciné par une magnifique voûte de glace étincelante. Mais un peu plus loin, un spectacle encore plus impressionnant vous attend. Un étroit passage conduit en effet à une corniche qui longe le bord d'un gouffre gigantesque de près d'un kilomètre de largeur. Vous contournez ce vide terrifiant en essayant de ne pas baisser le regard vers ses profondeurs agitées par les vents, à plusieurs kilomètres au-dessous. Vous marchez sur la corniche depuis seulement quelques minutes lorsqu'un bruit dans votre dos attire votre attention. Vous jetez un coup d'œil en arrière et vous vous apercevez alors avec horreur qu'un monstreux serpent à deux têtes vous suit à quelques mètres. Si vous maîtrisez les Disciplines Kaï de l'Orientation ou de la Communication Animale, rendez-vous au **229**. Dans le cas contraire, rendez-vous au **88**.

133

Une coupe de M'lare est suspendue au plafond, juste au-dessus de la crevasse. Si vous voulez essayer d'attacher votre Corde à cette coupe pour vous élancer ensuite de l'autre côté, rendez-vous au **201**. Si vous ne voulez pas prendre le risque de tomber dans la crevasse, vous devrez revenir sur vos pas et emprunter un autre chemin en vous rendant au **297**.

134

Le lendemain à l'aube, lorsque vous vous réveillez, Fenor est en train de préparer le petit déjeuner. Il vous tend alors un bol fumant et vous ne vous faites guère prier pour en avaler le contenu. Vous chargez ensuite le matériel sur les traîneaux avant de reprendre votre chemin. C'est une belle matinée. Le vent est tombé et l'air est frais et limpide. Les chiens Kanu, débordant d'énergie, sont impatients de repartir. Pendant la plus grande partie de votre trajet, la glace est lisse et vous avancez sans difficulté. A la nuit tombée, vous avez atteint l'île de Syem, un pic de granite qui s'élève à 120 mètres au-dessus de la banquise. Vous établissez votre campement du côté sous le vent pour essayer de vous protéger le mieux possible d'éventuelles tempêtes nocturnes. Utilisez la *Table de Hasard* pour obtenir un chiffre. Si vous tirez un chiffre entre 0 et 3, rendez-vous au **57.** Entre 4 et 6, rendez-vous au **188.** Entre 7 et 9, rendez-vous au **331.**

135

Vous glissez le Disque dans la fente ; il s'y adapte exactement, et la porte s'ouvre. Dès que vous l'avez franchie, cependant, elle se referme derrière vous. Vous vous retrouvez dans un petit couloir qui mène à une arcade masquée par des rideaux. Vous les écartez avec précaution et vous découvrez alors une vaste salle. Vous avez été bien avisé d'être si prudent : à moins de trois mètres de vous, en effet, se tient Vonotar le Traître. Deux Barbares des Glaces sont debout devant lui et il est en train de leur passer au poignet des bracelets d'or. A présent que la porte s'est refermée dans votre dos, il ne vous reste plus qu'à attaquer Vonotar par surprise pour essayer de le capturer. Vous armant de courage, vous vous précipitez donc en avant. Rendez-vous au **100.**

136

Soudain, vous êtes projeté en arrière tandis que le pont de glace commence à se disloquer. Pendant quelques secondes, le traîneau reste en équilibre instable sur le bord, comme une balançoire, et vous entendez les cris d'horreur de vos guides impuissants à vous venir en aide. C'est d'ailleurs là le dernier son que vous entendrez jamais, car le pont s'effondre et vous précipite dans le gouffre. Vous faites une chute de 600 mètres au terme de laquelle vous êtes, bien entendu, tué sur le coup. Votre mission s'achève donc ici en même temps que votre vie.

137

La porte s'ouvre en grinçant et vous la franchissez, prêt à l'attaque. Vous parvenez à tuer deux des créatures endormies avant que les Barbares des Glaces et le troisième Loup Maudit n'aient eu le temps de réagir. Ils bondissent alors sur vous d'un même élan et il vous faut les combattre en les considérant comme un seul et même adversaire. Ils sont partiellement insensibles à la Puissance Psychique, et si vous maîtrisez cette Discipline Kaï, vous n'aurez le droit d'ajouter qu'un seul point à votre total d'HABILETÉ pendant toute la durée de ce combat.

BARBARE
DES GLACES
ET LOUP
MAUDIT HABILETÉ : 30 ENDURANCE : 30

Si vous sortez vainqueur de l'affrontement, rendez-vous au **28.**

138

Vous avez pris les Languabarbs par surprise et vous parvenez à tuer l'un d'eux avant que les autres n'aient le temps de réagir. Les deux créatures vous attaquent l'une après l'autre en essayant de vous piquer avec les poils rêches qui leur couvrent la langue.

	HABILETÉ	ENDURANCE
Premier LANGUABARB	11	35
Deuxième LANGUABARB	10	32

Si vous perdez des points d'ENDURANCE au cours de ce combat, rendez-vous immédiatement au **66.** Si vous parvenez à l'emporter sans perdre un seul point d'ENDURANCE, rendez-vous au **25.** Enfin, vous avez le droit de prendre la fuite en vous rendant au **277.**

139

Vous ressentez soudain une douleur sourde et lancinante au côté. Sous la poche dans laquelle vous avez rangé la Pierre Rayonnante, votre peau est devenue rouge et enflée. Vous êtes pris de vertige et de nausées et vous éprouvez de grandes difficultés à vous maintenir debout. Si vous possédez une Potion rouge de Laumspur, rendez-vous au **116.** Dans le cas contraire, rendez-vous au **239.**

140

L'enfant saisit soudain un couteau en os qu'il cachait dans sa botte et vous enfonce la lame dans le dos de la main. Vous perdez 2 points d'ENDURANCE et vous lâchez le jeune garçon. Il court aussitôt vers son père qui, à présent, a repris ses esprits et dégaine une épée également en os dont la lame est incrustée de dents redoutables. Rendez-vous au **68.**

141

L'homme observe un instant de silence, puis il donne sa réponse : « Killean le Suzerain ». Si vous souhaitez à présent effacer le pentagramme pour le libérer, rendez-vous au **170.** Si vous ne voulez pas le libérer, refermez la porte de sa cellule et retournez dans le couloir principal en vous rendant au **254.**

142

Lorsque vous abattez votre arme sur le rocher, des centaines d'échardes argentées jaillissent sous le coup et le bloc commence à se fissurer, mais les Languabarbs sont déjà sur vous. Utilisez la *Table de Hasard* pour obtenir un chiffre. Si vous tirez un chiffre entre 0 et 5, le bloc s'effondre et obstrue l'entrée de la grotte. Vous pouvez dès lors retourner dans l'autre tunnel en vous rendant au **284.** Si vous tirez un chiffre entre 6 et 9, le bloc ne tombe pas et il vous faut combattre les Languabarbs. Rendez-vous alors au **32.**

143

Le cône de givre s'enfonce dans le feuillage des plantes en les gelant instantanément. Tiges et feuilles deviennent alors cassantes et commencent à céder sous votre poids. Vous essayez de bondir sur la plate-forme où se tient Vonotar, mais il est trop tard, le pont s'effondre et vous êtes précipité dans le fossé tête la première. La dernière vision que vous emporterez de ce monde sera celle d'un Vonotar ricanant qui pointe sur votre tête sa baguette de cristal. Votre mission s'achève ici en même temps que votre vie.

144

Vous êtes précipité dans les ténèbres et vous vous écrasez contre une corniche de glace après une chute de plus de trente mètres. Votre corps disloqué rebondit pour tomber plus bas encore, mais votre colonne vertébrale a été fracassée sous le choc et vous êtes donc déjà mort lorsque vous atterrissez enfin sur la neige molle qui tapisse le fond de la crevasse. Votre mission s'achève ici en même temps que votre vie.

145

Ce couloir n'est pas très long et vous arrivez bientôt dans une autre salle aux murs de pierre. Un peu plus loin un escalier mène à une arcade plongée dans l'ombre, à bonne distance au-dessus du sol. Au pied de cet escalier vous distinguez le squelette d'un ancien gardien de tombes, encore vêtu de son armure, et toujours debout. Ses phalanges nues tiennent une grande épée noire. Si vous souhaitez monter l'escalier sans prêter attention au squelette, rendez-vous au **36.**

Si vous préférez attaquer le squelette, rendez-vous au **278.**

146

Centimètre par centimètre vous vous glissez vers l'arrière du traîneau mais, tout à coup, vous entendez la glace craquer : la crevasse est en train de s'élargir. « Sautez ! » hurle Fenor tandis que le traîneau bascule dans le vide. Vous vous préparez à bondir, mais votre pied se prend dans les cordes qui maintiennent le matériel. Si vous disposez du Glaive de Sommer, rendez-vous au **43.** Si vous possédez la Discipline Kaï de la Maîtrise Psychique de la Matière, rendez-vous au **121.** Si vous ne possédez ni l'un ni l'autre, utilisez la *Table de Hasard* pour obtenir un chiffre. Si vous tirez un chiffre entre 1 et 4, rendez-vous au **226.** Entre 5 et 9, rendez-vous au **266.** Enfin, si vous tirez le 0, rendez-vous au **312.**

147

Vous inspectez chaque centimètre carré de la porte et des murs qui l'encadrent, mais vous ne trouvez strictement rien qui puisse permettre de l'ouvrir. Vous examinez alors la rampe de pierre lorsqu'un rugissement retentit soudain derrière vous avec tant de force que votre sang se glace. Vous faites volte-face et vous voyez alors une créature bondir sur vous : ses mâchoires grandes ouvertes laissent apercevoir une langue couverte de poils rêches. Il vous est impossible d'échapper à ce Languabarb et il vous faut le combattre jusqu'à la mort de l'un de vous deux.

LANGUA-
BARB HABILETÉ : 10 ENDURANCE : 28

145 *Vous distinguez le squelette d'un ancien gardien de tombes.*

Si vous perdez des points d'ENDURANCE au cours de l'affrontement, rendez-vous immédiatement au **66.** Si vous remportez la victoire sans perdre un seul point d'ENDURANCE, rendez-vous au **84.**

148

Vous avez descendu la moitié des marches lorsque vous vous heurtez à une patrouille de Barbares des Glaces. Vous essayez de les repousser pour pouvoir continuer votre chemin, mais ils sont puissamment armés, disposant à la fois d'épées et de lances. Vous vous battez avec fureur et vous en tuez un bon nombre, mais les autres parviennent à vous encercler et à vous porter le coup de grâce. Votre mission s'achève ici en même temps que votre vie.

149

Vous faites habilement un pas de côté pour essayer d'éviter le coup que le Barbare des Glaces vous porte avec sa lance à la pointe d'os. Utilisez la *Table de Hasard* pour obtenir un chiffre qui vous indiquera si vous avez réussi à esquiver. Si vous maîtrisez les Disciplines Kaï de l'Orientation, de la Chasse, ou du Sixième Sens, vous aurez le droit d'ajouter 2 au chiffre donné par la *Table*. Si le total obtenu est de 0 à 4, rendez-vous au **286.** S'il est de 5 à 11, rendez-vous au **333.**

150

Le coup que vous assénez fracasse la surface lisse et blanche de la statue. Aussitôt, une rafale de vent glacé s'échappe en sifflant de l'ouverture et, quelques secondes plus tard, tous les murs de

150 *Cette terrifiante créature a l'intention de vous anéantir.*

la salle sont recouverts d'une couche de glace étincelante. La chute soudaine de la température vous fait perdre 2 points d'ENDURANCE, à moins que votre peau ne soit protégée par de l'huile de Bakanal. Vous constatez alors avec un sentiment d'horreur que la rafale de vent prend peu à peu la forme d'un petit cyclone qui attire dans son œil tous les morceaux de pierre et de glace traînant alentour. Vous venez de libérer un Démon de Glace et cette terrifiante créature a l'intention de vous anéantir. Si vous disposez du Glaive de Sommer, rendez-vous immédiatement au **120.** Si vous souhaitez attaquer le cyclone avec une arme normale, rendez-vous au **18.** Si vous préférez essayer de vous enfuir en courant vers l'arcade, rendez-vous au **211.** Enfin, si vous possédez une Sphère de Feu, rendez-vous au **310.**

151

La bête hideuse meurt à vos pieds tandis que Dyce vous crie : « Vite, il faut partir d'ici, les Languabarbs ne chassent jamais seuls et d'autres ne vont pas tarder à arriver. » Vous ramassez alors votre Sac à Dos et vous suivez Dyce et Irian le long d'un chemin escarpé qui grimpe à flanc de montagne. Mais à peine avez-vous parcouru une cinquantaine de mètres qu'une catastrophe se produit. Aveuglé par l'obscurité et le vent glacial, Dyce ne s'aperçoit pas que le chemin aboutit brusquement à un précipice. Saisi d'horreur, vous entendez vos guides pousser des hurlements qui s'évanouissent peu à peu, au fur et à mesure de leur longue chute dans les ténèbres. La mort vous menace de tous côtés et vous vous accrochez désespérément à la paroi rocheuse pour essayer de survivre. Si vous vous êtes enduit le corps d'huile de Bakanal, rendez-vous au **209.** Dans le cas contraire, rendez-vous au **339.**

152

Vous décidez d'essayer de distraire son attention en jetant quelques Pièces d'Or dans un renfoncement du mur situé en face de lui. Tout d'abord, déterminez le nombre de Pièces d'Or que vous allez lancer et notez ce chiffre. Utilisez ensuite la *Table de Hasard* pour obtenir un autre chiffre (exceptionnellement, vous considérez que 0 = 10). Si le chiffre que la *Table* vous aura donné est égal ou inférieur au nombre de Pièces que vous aurez décidé de jeter, rendez-vous au **319.** Si le chiffre donné par la *Table* est supérieur au nombre de Pièces, rendez-vous au **181.**

153

Vous avez presque réussi à traverser le lac lorsqu'une catastrophe survient. Votre pied droit, en effet, passe à travers la glace et vous êtes coincé à hauteur du genou. Vous essayez désespérément de vous libérer, mais il n'y a rien à faire, vous êtes pris au piège. Quelques secondes plus tard, la couche de glace qui recouvre le lac se fracasse dans un terrible craquement : le monstre des profondeurs dont vous aviez auparavant aperçu la silhouette vient ainsi de faire son apparition à la surface. Paralysé d'horreur vous voyez alors la gueule noire et visqueuse de la créature s'ouvrir pour exhiber deux rangées de dents tranchantes comme des rasoirs. Le monstre venu du fond des âges se précipite sur vous et cette gueule béante sera la dernière vision que vous emporterez de ce monde, avant que la bête ne vous avale. Votre mission s'achève ici en même temps que votre vie.

154

Votre jambe droite est blessée ; la plaie saigne abondamment, et il semble que l'hémorragie ne s'arrêtera pas d'elle-même ; vous posez donc un garrot de fortune autour de votre cuisse, puis vous vous relevez tant bien que mal et vous jetez un coup d'œil alentour. Ce monolithe, de toute évidence, avait pour fonction d'empêcher les intrus de passer, ou de les prendre au piège. C'est sans doute un mage qui, jadis, l'a ainsi doté d'un puissant pouvoir d'explosion. Vous remarquez alors qu'un panneau s'est ouvert dans le mur nord, découvrant un passage obscur qui permet de quitter cette salle. Si vous souhaitez explorer ce nouveau couloir, rendez-vous au **145.** Si vous préférez essayer d'ouvrir à nouveau la porte par laquelle vous êtes entré, rendez-vous au **242.**

155

Le vent glacé de la montagne à tôt fait de dissiper les brumes de l'aube. Épuisé, transi jusqu'à la moelle et encore sous le choc des récents événements, vous escaladez l'impitoyable paroi de roc jusqu'à ce que vous parveniez enfin sur une large corniche où vous vous sentez plus en sécurité. Vous êtes affamé, et il vous faut prendre un Repas avant de continuer, sinon, vous perdrez 3 points d'ENDURANCE. N'oubliez pas de rayer ce Repas de votre *Feuille d'Aventure*. La corniche en rejoint une autre que vous avez beaucoup de mal à parcourir. Lorsque enfin vous arrivez au bout, vous vous trouvez au sommet d'une paroi impressionnante. Pour descendre dans l'étroit défilé que vous apercevez à 300 mètres au-dessous, il vous faudra emprunter un escalier particulièrement raide et dangereux dont les marches sont taillées dans la glace. Utilisez la *Table de Hasard* pour obtenir un chiffre. Si votre total d'ENDURANCE actuel est inférieur à 10, vous ôterez 2 au chiffre obtenu. Si ce total est supérieur à 20, vous ajouterez 1 au chiffre donné par la *Table*. Si le total obtenu se situe entre – 2 et 2, rendez-vous au **248.** S'il est de 3 à 10, rendez-vous au **191.**

156

Vous reconnaissez l'odeur d'un concentré de Brosse à Potences, ou « Dent de Sommeil » comme on l'appelle plus communément au Sommerlund. Il s'agit d'un buisson épineux dont vos Maîtres Kaï se servaient pour endormir les chevaux malades ou blessés. le concentré préparé à l'aide de cette plante constitue une puissante Potion somnifère. Si vous souhaitez la conserver, inscrivez-la sur votre *Feuille d'Aventure,* dans la case des objets contenus dans votre Sac à Dos. Retournez à présent au **10** pour faire un nouveau choix.

157

Vous prenez la Potion dans votre Sac à Dos et vous entrebâillez prudemment la porte, juste assez pour pouvoir vider la fiole dans le chaudron bouillonnant. Quelques minutes plus tard, les Barbares des Glaces tombent dans un profond sommeil juste après avoir achevé leur repas. Vous pouvez à présent inspecter les lieux.

La cuisine est petite et elle contient une étonnante provision d'herbes. « Ces herbes viennent du comptoir de Liouk, » assure Loi-Kymar en examinant attentivement les étiquettes qui indiquent ce que les bocaux contiennent. Il remplit ses poches de plusieurs de ces bocaux, puis il en ouvre deux autres et mélange les herbes qu'ils renferment. Il vous tend ensuite cette mixture : « Voici qui vous donnera des forces, Loup Solitaire, » dit-il. Vous mangez les feuilles séchées et, aussitôt, une chaleur bienfaisante se répand dans tout votre corps. Vous récupérez 6 points d'ENDURANCE et vous vous rendez au **301**.

158

L'éclaireur Barbare étant à skis, vous ne pourrez livrer contre lui qu'un seul Assaut ; emporté par son élan, en effet, il passera devant vous sans s'arrêter, en essayant de vous porter un coup. Vous devrez alors tenter de le blesser au moment où il arrivera à votre hauteur.

ÉCLAIREUR
BARBARE HABILETÉ : 20 ENDURANCE : 28

Si vous subissez une perte de points d'ENDURANCE supérieure à celle de votre adversaire au cours de cet unique Assaut, rendez-vous au **165.** Si en revanche, c'est le Barbare qui perd plus de points d'ENDURANCE que vous, rendez-vous au **271.** Enfin, si vous perdez tous deux le même nombre de points d'ENDURANCE, rendez-vous au **337.**

159

L'homme vous regarde droit dans les yeux et répond : « le Ragad ». Si vous souhaitez à présent effacer le pentagramme, afin de le libérer, rendez-vous au **170.** Si vous préférez vous en abstenir, refermez la porte de sa cellule et retournez dans le couloir principal en vous rendant au **254.**

160

Votre matériel de transport est constitué de deux traîneaux tirés chacun par un attelage de chiens Kanu. Cette race vigoureuse est uniquement élevée à Kalte et on ne trouve pas meilleurs chiens de traîneau. Leur épaisse fourrure fauve, leur poitrail puissant, leur robustesse et leur ardeur qui ne faiblit jamais, même dans les climats les plus froids, les rendent particulièrement aptes à accomplir la tâche qui les attend. Chaque traîneau contient suffisamment de vivres et de matériel pour mener à bien votre mission. Quant à vos trois guides, Irian, Fenor et Dyce, ce sont des trappeurs expérimentés pour qui les techniques de survie dans les régions polaires n'ont pas de secrets. De plus, ils connaissent bien les périls cachés qui abondent dans les terres de Kalte. Dès que les chiens sont attelés, vous prenez place sur l'un des traîneaux en compagnie de Dyce tandis que les autres ouvrent la voie sur l'autre traîneau. En contemplant l'étendue glacée de la banquise de Liouk, vous apercevez une lueur blanche à l'horizon : c'est le glacier de Viad dont la coulée de glace vient se jeter sur la banquise. L'air vif et limpide de Kalte donne une fausse impression des distances : on dirait que le glacier se trouve à une dizaine de kilomètres alors qu'en fait il est distant d'au moins cent kilomètres. La première journée de votre voyage se passe bien et vous parcourez un bon nombre de kilomètres. Lorsque enfin le soleil se couche, vous décidez d'établir votre campement pour la nuit. Vous vous arrêtez au milieu d'un cercle formé par des piliers de glace qui se sont dressés sous la pression de la banquise sans cesse en mouvement. Les traîneaux sont rangés côte à côte et la tente installée juste devant. On trouve ensuite un abri où les chiens pourront passer la nuit puis l'heure vient de préparer le dîner. Vous êtes tous rassemblés sous la tente lorsqu'un terrible rugissement retentit soudain au-dehors. « Par tous les dieux ! s'écrie Irian, un Bakanal ! » Les Bakanals sont de grandes créatures carnivores qui vivent à proximité des côtes de Kalte. Ils se nourrissent habituellement de gaillelots ou de petites ostrelles qui abondent au bord de la mer. Ce Bakanal, cependant, a été attiré par l'odeur des chiens et il s'apprête à les attaquer, bien décidé à en dévorer plusieurs d'un coup. Si vous souhaitez sortir de la tente pour vous lancer à l'attaque du Bakanal, rendez-vous au **78.** Si vous maîtrisez la Discipline Kaï de la Chasse, rendez-vous au **204.** Si vous maîtrisez la Discipline Kaï de la Communication Animale, rendez-vous au **318.**

161

Le Barbare des Glaces s'avance lentement et ses yeux blancs dépourvus de pupilles vous donnent la chair de poule. Dans sa main droite, il tient un cimeterre en os, mais, bien qu'il soit prêt à frapper, ses gestes sont raides et incertains, comme s'il vous attaquait contre sa volonté. Le Barbare est insensible à la Discipline Kaï de la Puissance Psychique,

BARBARE
DES GLACES HABILETÉ : 17 ENDURANCE : 29

Si vous sortez vainqueur de ce combat, rendez-vous au **210.**

162

Le traîneau est déchargé et le matériel qu'il contenait transporté de l'autre côté de la gorge à raison d'un objet par voyage. Tout se passe comme prévu, et il ne reste plus qu'à franchir une dernière fois le pont avec le traîneau lui-même. C'est Dyce qui le conduit en le maintenant à grand-peine au milieu du pont étroit. Mais soudain, les deux chiens de tête glissent et tombent dans la gorge. Ils restent suspendus par leur harnais et poussent de longs gémissements en se débattant inutilement dans le vide. Dyce tire frénétiquement sur les rênes pour essayer d'empêcher les autres chiens de tomber à leur tour, mais ses efforts restent vains : un par un, en effet, les quatre autres chiens de l'attelage sont attirés dans le précipice par le poids grandissant de ceux qui sont déjà tombés. « Saute, Dyce, saute ! » hurle Irian tandis que le dernier chien disparaît dans le vide. Dyce bondit juste à temps, avant que le traîneau ne bascule dans la gorge, mais il atterrit à l'endroit où le pont est le plus étroit et perd l'équilibre. Dans un geste désespéré, il parvient à s'agripper au rebord de glace, mais ses mains glissent inexorablement. « Au secours ! Aidez-moi ! » s'écrie-t-il. Si vous souhaitez essayer de sauver Dyce, rendez-vous au **19.** Si vous pensez qu'il n'y a aucun moyen de lui venir en aide, rendez-vous au **257.**

163

Lorsque vous abaissez le levier, une porte de pierre coulisse latéralement et ferme ainsi la pièce encombrée de débris. Lorsque vous soulevez le levier, la porte de pierre s'ouvre à nouveau. Si vous souhaitez entrer dans cette pièce pour examiner ce qu'elle contient, rendez-vous au **38.** Si vous préférez poursuivre votre chemin le long du passage orienté à l'est, rendez-vous au **237.**

164

Le monstre aux tentacules se hisse hors du fossé et vous attaque. En même temps, vous remarquez que Vonotar lève sa Crosse noire en fixant les yeux sur Loi-Kymar. Il est en train d'attaquer le magicien à l'aide de sa Puissance Psychique. Vous vous rendez compte alors que si Loi-Kymar est tué, il emportera dans la mort le secret de la Crosse de la Guilde. Mais avant tout, il vous faut combattre le monstre. Cette créature est un Akranionor qui appartient au monde des morts vivants. Vous pourrez donc multiplier par deux tous les points d'ENDURANCE que votre adversaire perdra au cours du combat, en raison de la puissance du Glaive de Sommer.

AKRANIO-
NOR HABILETÉ : 23 ENDURANCE : 50

Si vous remportez la victoire en cinq Assauts ou moins, rendez-vous au **272.** Si le combat se prolonge au-delà de cinq Assauts, rendez-vous au **324.**

165

Le choc de son attaque vous a projeté à terre. Lorque vous vous relevez, vous le voyez s'arrêter un peu plus loin et déchausser ses skis. Rendez-vous au **68.**

166

Au pied de l'escalier, vous découvrez un autre tunnel orienté au nord. Vous vous apprêtez à l'emprunter lorsque votre main entre soudain en contact avec un levier qui dépasse du mur, à votre droite. En regardant de plus près vous constatez l'existence d'une porte secrète. Si vous souhaitez ouvrir cette porte, rendez-vous au **111.** Si vous préférez poursuivre votre chemin le long du nouveau tunnel, rendez-vous au **336.**

167

Le vent tombe peu à peu, l'atmosphère s'éclaircit et le Glacier de Viad se révèle alors dans toute sa splendeur. La surface lisse de la glace ressemble à un tapis de neige étincelante incrustée de pierres de toutes les couleurs : jaunes, violettes, bleues, vertes, orange, cramoisies ; et les cristaux de glace brillent d'un tel éclat que le plus somptueux bijou paraîtrait terne par comparaison. Le mur de glace s'élève à 250 mètres de hauteur et ne présente pas d'obstacle à l'escalade, bien qu'il soit très escarpé. Le temps est beau, mais il vous faut presque une journée entière pour grimper au sommet de la paroi de glace. Tout le matériel a été déchargé et monté là-haut où on l'arrime à nouveau sur les traîneaux. Les chiens Kanu jouent entre eux en se battant, et vos provisions sont à tel point secouées par l'escalade qu'elles se sont transformées à la fin de la journée en une infâme bouillie. Lorsque enfin tout est terminé, vous êtes épuisé. La nuit tombe et vous décidez donc d'établir votre campement dans l'abri que vous offre une cuvette naturelle creusée dans la glace. Vous avez sans nul doute bien mérité une bonne nuit de repos. Utilisez la *Table de Hasard* pour obtenir un chiffre. Si vous tirez un chiffre de 0 à 6, rendez-vous au **85.** De 7 à 9, rendez-vous au **300.**

168

Lorsque vous marchez sur le quartz, vous sentez une vibration vous parcourir les jambes, depuis la plante des pieds jusqu'aux genoux. Vous remarquez alors une faible lumière qui brille à l'intérieur de la dalle et vous entendez un bourdonnement en provenance de l'autel. Le cœur battant, vous vous préparez à une attaque et vous avancez à pas prudents. Rendez-vous au **60.**

169

Lorsque vous arrivez devant la porte massive, vous essayez désespérément de trouver un moyen de l'ouvrir, mais elle est parfaitement lisse, et ne comporte ni poignée, ni serrure, ni trou de serrure. La créature aura bientôt atteint le sommet de la rampe et vous êtes sur le point de pousser un cri de désespoir lorsque vous apercevez un bloc de granite encastré dans le mur. Un petit triangle est gravé dans la pierre. Si vous possédez un Triangle de Pierre Bleue, rendez-vous au **41.** Sinon, rendez-vous au **265.**

170

A l'aide d'un pan de votre cape, vous effacez une partie du pentagramme traçant ainsi un chemin suffisamment large pour que l'homme puisse s'en échapper. Vous êtes alors frappé par sa maigreur impressionnante et vous constatez qu'il a du mal à se maintenir debout. « Soyez remercié, Seigneur Kaï, dit-il, si jamais nous parvenons à nous enfuir d'Ikaya, je m'efforcerai de payer la dette de reconnaissance que j'ai désormais envers vous ; il vaut mieux que vous passiez devant, ajoute-t-il, car j'ai quant à moi trop mal aux yeux pour voir clairement : j'ai été atteint, en effet, de cécité des neiges et j'en subis encore les séquelles. » Vous ouvrez donc la marche le long du passage et vous vous apprêtez à emprunter le couloir principal en direction du nord lorsque deux mains aux doigts d'acier vous attrapent soudain par-derrière et se referment autour de votre cou. Un terrible hurlement trahit alors la véritable identité du marchand : c'est en fait un Monstre d'Enfer, un redoutable serviteur des Maîtres des Ténèbres, un mort vivant doué de la faculté de changer d'apparence à sa guise. Il vous a menti pour que vous le libériez du pentagramme et, à présent qu'il n'a plus besoin de vous, il tente de vous tuer. Vous vous efforcez désespérement de reprendre votre respiration tandis que les doigts squelettiques de votre agresseur vous brûlent sous leur étreinte en essayant de vous déchirer la gorge. Vous perdez aussitôt 6 points d'ENDURANCE. Si vous êtes toujours vivant, vous parvenez enfin à vous dégager mais il vous faut à présent affronter la créature dans un combat à mort. Compte tenu de la brusquerie de l'attaque, vous n'avez pas le temps d'avaler quelque potion que ce soit avant d'engager le combat. Si vous possédez le Glaive de Sommer, rendez-vous au **304**. Dans le cas contraire, rendez-vous au **175**.

171

Le bouchon est coincé dans la fiole et il vous faut l'ôter avec précaution pour ne pas prendre le risque de briser le verre. Peu à peu, le bouchon glisse et vous parvenez enfin à l'enlever ; vous reniflez alors le liquide orange. Si vous possédez les Disciplines Kaï du Sixième Sens ou de la Maîtrise des Armes, rendez-vous au **311**. Si vous ne maîtrisez aucune de ces deux Disciplines, cette potion ne vous inspire guère confiance et vous décidez de vous en débarrasser. Retournez alors au **10** et faites un nouveau choix.

172

Vous refusez l'huile de Bakanal que vous propose Irian et vous retournez sous la tente. Les autres, cependant, après vous avoir félicité de votre victoire sur la créature, sortent à leur tour de la tente et vont rejoindre Irian. Stupéfait, vous les voyez alors plonger eux aussi les mains dans la graisse de Bakanal et s'en enduire le corps sous leurs vêtements. Un peu plus tard dans la soirée, vous finissez par vous endormir, non sans avoir pris la précaution de vous boucher les narines avec du coton. Les autres, pour leur part, ne semblent pas le moins du monde incommodés par l'épouvantable odeur. Rendez-vous au **134**.

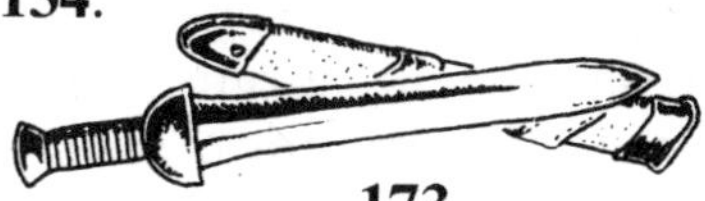

173

La salle du Trône du Brumalmarc est une vaste pièce dans laquelle se dresse une sorte de plateau central constitué de blocs de glace disposés les uns sur les autres. Sur cette plate-forme se trouve le Trône du Brumalmarc, un trône aussi vieux qu'Ikaya elle-même. Vonotar y est assis, entouré de gros volumes et d'étranges accessoires de nécromancien. Il est absorbé dans son étude et ne vous voit pas entrer. Il reste ainsi quelques instants sans soupçonner votre présence lorsque, soudain, Loi-Kymar éternue. « Qui ose me déranger ? » siffle alors Vonotar en se levant du Trône du Brumalmarc et en cherchant l'intrus du regard. Lorsqu'il vous voit, il a une sorte de hoquet et une expression horrifiée transforme son visage. Aussitôt, sa main cherche hâtivement à saisir une longue Crosse noire : c'est là son bâton de magicien. Il a l'air d'un assassin que l'on vient de surprendre en train de commettre un crime particulièrement abominable. Vous vous hâtez de dégainer votre arme et vous commencez à escalader la pyramide de cristal. Vous êtes parfaitement conscient qu'il va falloir faire vite si vous voulez parvenir à le maîtriser et à le capturer vivant. Lorsque vous atteignez le bord de la plate-forme, vous voyez un large cercle de blocs de cristal s'enfoncer dans le sol, autour du Trône. Un profond fossé se forme ainsi entre Vonotar et vous. S'élevant alors de cette tranchée, vous entendez une série de cris et de grognements terrifiants qui n'ont rien d'humain. Vous vous préparez à combattre mais vous ne vous attendiez certainement pas à voir surgir l'épouvantable créature qui vient d'apparaître sous vos yeux. Un monstre énorme, verdâtre, répugnant, rampe en effet hors de l'ombre. Sa tête informe est une gigantesque masse de tentacules et de ventouses qui laissent suinter une mucosité gluante, noire et putride. Au centre de cet amas tremblotant palpite un œil jaune et hideux. Ce monstre est entièrement soumis à Vonotar qui lui ordonne de s'avancer vers vous. Si vous possédez une Effigie, rendez-vous au **34**. Si vous n'en avez pas, mais si vous disposez en revanche du Glaive de Sommer, rendez-vous au **164**. Si vous n'avez ni l'un ni l'autre, rendez-vous au **200**.

173 *Un monstre énorme, verdâtre, répugnant, rampe hors de l'ombre.*

174

Le Languabarb est mort, mais l'écho de ses grognements semble toujours résonner dans la caverne. Soudain, vous voyez une autre créature semblable surgir du tunnel et foncer sur vous. C'est la femelle du Languabarb : saisie de rage, elle veut à tout prix venger son compagnon. Vous n'avez plus à présent qu'un seul moyen de vous enfuir : traverser le lac. Rendez-vous au **322**.

175

Vous faites un pas de côté pour esquiver la créature et vous lui portez à la tête un coup qui aurait mis hors de combat n'importe quel mortel. Mais, à votre grand dam, le Monstre d'Enfer est indemne et se lance à nouveau à l'attaque. C'est un mort vivant aux pouvoirs redoutables, invulnérable aux armes normales. Les Maîtres des Ténèbres l'ont envoyé ici en mission pour tuer Vonotar et le punir ainsi de sa défaite dans la bataille du golfe de Holm. A présent qu'il est libéré du pentagramme qui l'emprisonnait, le Monstre d'Enfer peut accomplir sa mission et retourner chez lui pour y recevoir de ses maîtres récompenses et honneurs. Vous hurlez de terreur lorsque les doigts de la créature s'enfoncent dans les chairs de votre cou, mais vos hurlements ne sont entendus de personne dans ce sombre couloir et seule la mort mettra un terme à l'insupportable douleur qui vous étreint la gorge. Votre mission s'achève ici en même temps que votre vie.

176

Vous parvenez finalement à atteindre l'autre rive et vous courez vers l'entrée du tunnel en laissant la rivière derrière vous. Le tunnel mène en direction du nord, et vous y marchez des heures durant. Il vous est impossible de deviner l'heure qu'il est, car la perpétuelle clarté qui règne dans les Grottes de Kalte ne varie jamais, qu'il fasse jour ou nuit. A travers des fissures dans les parois du tunnel, vous parvenez à apercevoir des salles et des grottes et la taille gigantesque de ce labyrinthe vous émerveille. Vous vous endormez presque debout lorsque vous sentez soudain une odeur de viande rôtie. Elle vient d'une grotte située à votre droite, quelques mètres plus loin. Vous avez très faim et il va être bientôt temps pour vous de prendre un Repas. Si vous souhaitez aller voir ce qui se passe dans cette grotte, rendez-vous au **5.** Si vous préférez ne pas vous en occuper et poursuivre votre chemin, rendez-vous au **132.**

177

Vous reconnaissez aussitôt l'odeur âcre de Ronces des Cimetières distillées. Cette décoction de couleur noire est un poison puissant et vous rebouchez aussitôt la fiole pour empêcher les vapeurs nocives de s'en échapper. Si vous souhaitez conserver cette Potion, inscrivez-la sur votre *Feuille d'Aventure* dans la case des objets contenus dans votre Sac à Dos. Retournez à présent au **10** pour faire un nouveau choix.

178

Vous suivez les éclaireurs Barbares depuis presque deux heures lorsqu'un vent furieux et glacé se lève à l'ouest. Le terrain devient très accidenté, et des amas de neige dissimulent des arêtes de glace tranchantes comme des rasoirs ainsi que les inégalités du sol qui risquent à tout moment de vous faire tomber. Grâce à leurs skis (fabriqués à partir de côtes de mammouths de Kalte), les éclaireurs Barbares n'ont aucune difficulté à parcourir cette surface semée d'embûches. La traverser à pied représente cependant une douloureuse épreuve. Le vent mordant balaie le glacier et apporte avec lui des nuages déversant une neige fine qui réduit sensiblement la visibilité. Vous prenez très vite conscience du danger qu'il y aurait à être pris au milieu d'un blizzard sur une étendue dépourvue de tout abri et vous faites donc signe à vos compagnons d'abandonner la poursuite. Vous vous dirigez vers eux lorsque, soudain, la glace se dérobe sous vos pas, vous précipitant en de mystérieuses profondeurs. Rendez-vous au **105.**

179

Vous imaginez un plan particulièrement audacieux. En vous faisant passer pour un Barbare des Glaces, vous pourriez en effet poser le bol près des gardes ; dans la pénombre du couloir, il leur serait difficile d'apercevoir la fumée. Loi-Kymar approuve votre plan et prépare un mélange d'herbes destiné à vous protéger vous-même contre les vapeurs nocives. Vêtu des fourrures d'un Barbare des Glaces, vous avancez bientôt dans le couloir, le bol caché sous vos vêtements. Utilisez la *Table de Hasard* pour obtenir un chiffre. Si vous tirez un chiffre entre 0 et 4, rendez-vous au **39.** Entre 5 et 9, rendez-vous au **296.**

180

Dans l'obscurité balayée de neige, vous distinguez deux petits points rouges et brillants qui grandissent peu à peu. Puis soudain, une forme se dessine dans l'ombre : vous voyez alors apparaître une grande et hideuse créature quadrupède qui bondit sur vous. Elle a les yeux étincelants et ouvre une gueule hérissée de dents, exhibant en même temps une énorme langue couverte de poils rêches qu'elle pointe en direction de votre visage. « Argh ! Un Languabarb ! » s'écrie Fenor. Il se précipite aussitôt à votre côté en brandissant une épée dont il essaye de frapper la langue de la créature. L'animal, cependant, est déjà sur vous et il vous faut le combattre. Indifférente à l'attaque de Fenor, la bête monstrueuse ne semble s'intéresser qu'à vous. Fenor lui porte ses coups par-derrière et ne sera donc pas blessé. En revanche, il fera perdre 3 points supplémentaires d'ENDURANCE à votre adversaire, et cela à chaque Assaut, en raison des blessures qu'il lui inflige.

LANGUA-
BARB HABILETÉ : 11 ENDURANCE : 35

Si vous tuez la créature sans perdre aucun point d'ENDURANCE, rendez-vous au **70.** Si vous perdez des points d'ENDURANCE au cours du combat, rendez-vous immédiatement au **129.**

181

Les Pièces d'Or tombent sur le sol dans un tintement, mais elles ne produisent pas l'effet escompté. Le Barbare des Glaces, en effet, reste à son poste sans prêter la moindre attention aux Pièces d'Or qui se trouvent à quelques mètres de lui. Si vous souhaitez faire une nouvelle tentative en lançant d'autres Pièces d'Or, retournez au **152.** Si vous n'avez plus de Pièces d'Or, ou si vous ne voulez pas recommencer, vous pouvez attaquer le garde en vous rendant au **208.** Enfin, si vous préférez revenir sur vos pas le long du couloir, retourner au croisement et emprunter le tunnel orienté à l'ouest, rendez-vous au **189**.

182

Vous découvrez un étroit passage qui mène à une caverne hérissée de stalagmites. Deux tunnels s'ouvrent dans la paroi opposée, tous deux s'enfonçant dans l'obscurité. Des traces étranges et nombreuses sont visibles dans la neige, à l'entrée de chaque tunnel. Si vous maîtrisez la Discipline Kaï de l'Orientation, rendez-vous au **75.** Si vous souhaitez explorer le tunnel de droite, rendez-vous au **114.** Si vous préférez emprunter celui de gauche, rendez-vous au **235.**

183

Vous courez vers le couloir orienté au nord aussi vite que votre cheville tordue vous le permet. Utilisez la *Table de Hasard* pour obtenir un chiffre. Si vous maîtrisez la Discipline Kaï de la Chasse, ajoutez 2 au chiffre que vous aurez tiré. Si le total obtenu est de 0 à 3, rendez-vous au **89.** Si ce total est de 4 à 11, rendez-vous au **215.**

184

Ce tunnel n'est pas très long et vous arrivez bientôt dans une petite caverne. Deux cadavres humains sont étendus sur le sol et, en dépit de la température glaciale qui règne en ces lieux, leur état de décomposition est déjà bien avancé. De toute évidence, il y a très longtemps que ces hommes sont morts. Tous deux sont vêtus de fourrure et l'un d'eux tient encore à la main un poignard en silex. A en juger par la position des corps, il semblerait que ces deux hommes se soient entretués au cours d'un combat particulièrement acharné. Si vous souhaitez fouiller ces cadavres, rendez-vous au **298.** Si vous préférez poursuivre votre chemin, vous pouvez quitter cette caverne en empruntant un tunnel qui s'ouvre dans le mur du fond. Rendez-vous pour cela au **315.** Enfin, s'il vous semble plus judicieux de revenir sur vos pas et d'emprunter l'autre tunnel, rendez-vous au **125.**

185

Vous concentrez votre énergie sur la serrure, mais il vous est difficile de vous en représenter le mécanisme interne. Utilisez la *Table de Hasard* pour obtenir un chiffre. Si vous maîtrisez la Discipline Kaï du Sixième Sens, vous pourrez ajouter 2 au chiffre que vous aurez tiré. Si vous obtenez un total de 0 à 4, rendez-vous au **22.** Si votre total est de 5 à 11, rendez-vous au **326.**

186

Le fils du Barbare mort s'agenouille devant le cadavre de son père et pose sur vous un regard brillant de haine. Pendant ce temps, les autres éclaireurs Barbares s'approchent de vous et il vous faut agir vite si vous voulez leur échapper. Vous décidez alors de prendre l'enfant en otage, mais il se débat comme un animal sauvage : il mord, griffe et donne des coups de pied pour essayer de se dégager. Rendez-vous au **320.**

187

Dès que vous avez refermé le Bracelet autour de votre poignet, une terrible douleur vous déchire la tête. Vous êtes attaqué par une puissante Force Mentale qui essaye d'annihiler en vous toute volonté. Si vous maîtrisez la Discipline Kaï du Bouclier Psychique, rendez-vous immédiatement au **258.** Sinon, rendez-vous au **93.**

188

Le lendemain d'épais nuages de neige se sont amoncelés au-dessus de la banquise de Liouk et un faible vent s'est levé. A mesure que vous approchez du bord du glacier de Viad, le terrain devient plus accidenté. Des blocs de glace se dressent çà et là, formant des obstacles difficiles à franchir. Vous êtes contraint de descendre des traîneaux et de les manœuvrer à la main parmi toutes ces aspérités pour pouvoir atteindre les pentes plus lisses du lointain glacier. Vous avez parcouru environ 800 mètres lorsque vous apercevez soudain devant vous une grande crevasse. Elle ne fait pas plus d'une soixantaine de centimètres de large mais elle s'étend sur plus d'un kilomètre et demi en travers de votre chemin. Par mesure de sécurité, vos guides et vous-même décidez de vous encorder pour la franchir. Ainsi, s'il arrivait que l'un de vous tombe dans ce gouffre, les autres pourraient le hisser à la surface sans trop de difficulté. Vous n'avez aucun mal à enjamber la crevasse. Hélas, il y en a d'autres un peu plus loin, et en si grand nombre qu'elles forment un véritable réseau. De fines couches de neige les dissimulent parfois à la vue et vous ne parvenez à les repérer qu'en tâtant le sol à l'aide de votre arme. Vous avancez ainsi pendant encore huit cents mètres, puis vous arrivez devant une nouvelle crevasse qui fait, cette fois, environ deux mètres cinquante de large. Vous jetez un coup d'œil dans ses profondeurs, mais il n'y a pas la moindre lueur dans ce vide béant. Vos traîneaux sont longs de trois mètres et ils pourraient vous servir de ponts pour franchir le gouffre, mais s'il arrivait que ses bords cèdent sous leur poids, vous risqueriez alors de perdre d'un seul coup tout votre matériel. Si vous souhaitez décharger les traîneaux et les utiliser comme passerelles, rendez-vous au **232.** Si vous préférez sauter par-dessus la crevasse avec les chiens Kanu et, ensuite, tirer les traîneaux pour les amener à leur tour de l'autre côté, rendez-vous au **346.**

189

Vous avancez le long du couloir pendant un quart d'heure environ puis vous arrivez devant une immense porte de pierre haute de 6 mètres. Vous y collez l'oreille et vous remarquez alors qu'elle dégage une douce tiédeur. Vous sentez une vibration parcourir la pierre et vous entendez un faible grondement. Tout comme les autres portes d'Ikaya, celle-ci est actionnée par un levier fixé au mur. Si vous souhaitez tirer ce levier et franchir la porte, rendez-vous au **292.** Si vous préférez vous en abstenir, vous pouvez retourner à la bifurcation et emprunter le passage orienté à l'est ; rendez-vous pour cela au **97.**

190

Vous ne relâchez l'enfant qu'au dernier moment, juste avant d'empoigner les fouets et d'en cingler l'échine des chiens qui s'élancent aussitôt, de toute la puissance de leurs muscles. Des volées de flèches vous sifflent aux oreilles et plusieurs d'entre elles viennent se ficher avec un bruit mat dans l'armature de bois du traîneau. Deux éclaireurs Barbares vous donnent la chasse, mais vos chiens ont à présent atteint leur pleine vitesse et vous avez tôt fait de distancer vos poursuivants en restant désormais hors de portée de leurs flèches. A la nuit tombée, vous arrivez au pied des monts de Viad. Cette immense chaîne de granite dresse au-dessus de la glace ses flancs escarpés, gigantesque barrière de roc qu'il est inutile d'espérer franchir par cette nuit sans lune. Bientôt, le vent se lève à l'ouest, annonçant une tempête nocturne et il vous faut à tout prix trouver un endroit où vous abriter, sinon, vous ne survivrez pas au blizzard. Si vous maîtrisez les Disciplines Kaï de l'Orientation ou du Sixième Sens, rendez-vous au **348.** Si vous ne possédez aucune de ces deux Disciplines, vous pouvez chercher un abri en marchant vers le nord ; rendez-vous pour cela au **27.** Si vous préférez prendre la direction du sud pour essayer de trouver cet abri, rendez-vous au **314.**

191

Tremblant de fatigue, vous parvenez enfin au fond du défilé alors que la nuit tombe. Un peu plus loin, vous apercevez une grotte située sous une chute d'eau gelée. Le vent souffle beaucoup plus fort à présent et vous décidez de vous abriter dans cette grotte. Lorsque vous y pénétrez, vous êtes surpris de distinguer, dans la paroi du fond, un rayon de lumière qui filtre à travers une fissure. Vous vous approchez prudemment de cette étrange lueur mais hélas, vous ne remarquez pas une crevasse dissimulée par une couche de neige et vous y tombez dans une avalanche de glace brisée. Rendez-vous au **40.**

192

Si vous possédez une Pierre Rayonnante, rendez-vous au **267.** Sinon, rendez-vous au **44.**

193

Vous avez les jambes couvertes d'écorchures et de bleus. Par surcroît, vous vous êtes cogné contre une stalactite et vous saignez du nez. Vous perdez 2 points d'ENDURANCE, mais vous pouvez vous estimer heureux : vous avez en effet échappé de peu à une chute au fond d'une crevasse que vous aviez failli ne pas voir dans l'obscurité. Mettez à jour votre *Feuille d'Aventure,* et rendez-vous au **235.**

194

Votre habileté et votre patience sont finalement récompensées. Vous entendez en effet un très léger cliquetis qui vous indique que vous avez réussi. Vous ôtez alors votre lame de la serrure et le grand couvercle de pierre se soulève lentement pour laisser voir un magnifique Casque d'Argent. Si vous souhaitez vous coiffer de ce Casque, rendez-vous au **308.** Si vous préférez le laisser au fond de son coffre, vous poursuivrez votre chemin en montant l'escalier ; rendez-vous pour cela au **323.**

195

Au moment où vous bondissez vers l'autre bord, la glace se met à trembler et la crevasse s'élargit soudain. Vous glissez et vous vous cognez la tête contre le bord du gouffre béant dans lequel vous tombez. Le lien qui attache votre ceinture à la corde de sécurité se rompt sous le choc et vous êtes précipité dans les ténèbres. Rendez-vous au **21.**

196

Votre lutte est désespérée, mais c'est précisément dans ce désespoir que vous trouvez la force de survivre. Votre arme (ou vos armes) vous a (ont) été arrachée (s) des mains par le cyclone et le bombardement de glace et de pierres que vous avez dû subir vous fait perdre 2 points d'ENDURANCE. Faites les modifications nécessaires sur votre *Feuille d'Aventure*. Vous parvenez cependant à atteindre péniblement l'arcade située au nord. Vous avez perdu votre (vos) arme (s), mais vous êtes vivant. Rendez-vous au **306.**

197

Vous apercevez un autre passage qui permet de quitter la caverne en prenant la direction du nord. Si vous souhaitez passer sans bruit devant les créatures endormies pour atteindre ce tunnel, rendez-vous au **125.** Si vous préférez ne pas prendre le risque de les réveiller, vous pouvez retourner sur vos pas et emprunter l'autre tunnel en vous rendant au **235.** Enfin, si vous désirez attaquer les créatures endormies, vous pouvez le faire en vous rendant au **109.**

198

Le couloir aboutit à une grande porte de pierre. A la différence des autres, cette porte n'est pas actionnée par un levier ; en revanche, vous découvrez, juste à côté, une fente creusée dans le mur. Vous êtes en train d'examiner cette fente lorsque, soudain, une meute hurlante de Barbares des Glaces mutants se précipite sur vous le long du couloir. Vous vous préparez à vous défendre, mais ils sont trop nombreux et, bien que vous les affrontiez avec courage, ils finissent par avoir raison de vous. Inutile d'attendre d'eux la moindre pitié : quelques instants plus tard, vous mourez sous leurs coups. Votre mission s'achève donc ici en même temps que votre vie.

199

Au bout d'un kilomètre et demi environ, le tunnel aux murs de glace aboutit à une grotte magnifique. De la neige fondue coule en cascade sur des rocs argentés, projetant alentour des reflets éblouissants. Sous la cascade s'ouvre une petite grotte qui disparaît dans la paroi rocheuse aux éclats d'argent. Il ne semble pas qu'il y ait d'autre chemin pour quitter cette caverne. Si vous souhaitez pénétrer dans la petite grotte, rendez-vous au **82.** Si vous préférez revenir sur vos pas et prendre l'autre tunnel, rendez-vous au **284.**

200

L'effroyable monstre aux longs tentacules surgit du fossé et vous attaque. Il vous faut le combattre jusqu'à la mort de l'un de vous.

AKRANION
OR HABILETÉ : 22 ENDURANCE : 50

Au cours du combat, vous apercevez parfois Vonotar qui brandit son bâton noir de magicien en gardant les yeux fixés sur Loi-Kymar. Il est en train d'attaquer le vieil homme à l'aide de sa puissante Force Mentale. Et si Loi-Kymar succombe, il emportera dans la mort le secret de la Crosse de la Guilde. Si vous remportez la victoire en 7 Assauts ou moins, rendez-vous au **272.** S'il vous faut livrer plus de 7 Assauts pour gagner le combat, rendez-vous au **324.**

201

La coupe grince au bout des chaînes qui la retiennent et des débris de pierre tombent du plafond tandis que vous vous élancez au-dessus de la crevasse ; vous avez de la chance cependant, car la Corde tient bon et vous parvenez sans encombre de l'autre côté. D'un bref mouvement du poignet, vous détachez la Corde que vous récupérez et vous poursuivez votre chemin le long du passage. Quelques mètres plus loin, vous apercevez sur votre droite une porte de pierre en arcade sur laquelle ont été sculptés d'étranges motifs. Ils représentent des centaines de squelettes accrochés par groupes de trois ou quatre à des blocs de pierre aux faces lisses. A côté de la porte se trouve un levier fixé au mur. Si vous souhaitez tirer sur ce levier pour ouvrir la porte, rendez-vous au **110.** Si vous préférez poursuivre votre chemin le long du passage, rendez-vous au **63.**

202

Soudain, les rugissements des Languabarbs cessent. Ils ont senti l'odeur d'huile de Bakanal dont votre peau est imprégnée et ils se précipitent aussitôt sur vous. Si vous souhaitez les combattre, rendez-vous au **263.** Si vous préférez prendre la fuite, rendez-vous au **277.**

203

Un petit judas a été aménagé au centre de la porte. Vous y jetez un coup d'œil prudent et vous apercevez alors le vieil homme vêtu d'une toge bleue que vous aviez déjà vu par l'ouverture pratiquée au-dessus de sa cellule. Si vous souhaitez ouvrir cette porte, tirez le levier fixé au mur et rendez-vous au **56.** Si vous préférez ne pas vous préoccuper du vieil homme, poursuivez votre chemin le long du couloir jusqu'à la bifurcation. Rendez-vous pour cela au **276.**

204

Les Bakanals sont des créatures féroces et dangereuses qui n'ont peur que d'une chose : le feu. Saisissant alors une torche, vous l'allumez et vous sortez de la tente. Le vent souffle beaucoup plus fort qu'au moment où vous avez installé votre camp et la neige poudreuse est soulevée en petits tourbillons qui vous picotent les yeux. Une ombre mouvante à votre droite trahit la présence du Bakanal qui s'avance vers vous à grands bonds. Mais au moment où il s'apprête à vous sauter dessus, il aperçoit la flamme vacillante de votre torche et pousse un hurlement de terreur. Quelques secondes plus tard, il a disparu dans l'obscurité. Vous constatez bientôt que tous les chiens Kanu sont sains et saufs, bien qu'un peu nerveux, ce qui n'a rien d'étonnant. Pour être sûr que le Bakanal n'attaquera plus, vous prenez des tours de garde en tenant à portée de main armes et torches. Rendez-vous au **134.**

205

La nuit durant, un violent blizzard fait rage, enterrant votre abri de fortune sous une couche de neige de trois mètres cinquante d'épaisseur. Le froid vous engourdit les mains et les pieds et, peu à peu, votre corps se vide de toute son énergie. Vous glissez alors dans un sommeil dont vous ne vous éveillerez jamais : vous étouffez en effet sous les neiges de Kalte. Votre mission s'achève donc ici en même temps que votre vie.

206

Retenant à la fois votre souffle et votre matériel, vous essayez d'atterrir le plus silencieusement possible sur le sol poussiéreux du couloir. Malheureusement, vous vous tordez la cheville en tombant et vous laissez échapper un cri de douleur. Vous perdez 1 point d'ENDURANCE. Vous apercevez alors avec horreur un Barbare des Glaces assis à une dizaine de mètres de vous, sur votre gauche. Il tourne lentement la tête dans votre direction mais, en jetant un bref coup d'œil vers la droite, vous découvrez un autre couloir orienté au nord, à moins de 5 mètres de l'endroit où vous êtes agenouillé. Si vous maîtrisez la Discipline Kaï du Camouflage, rendez-vous au **74.** Sinon, vous pouvez essayer de courir en direction du couloir orienté au nord, en priant le ciel que le Barbare des Glaces ne vous voie pas. Rendez-vous pour cela au **183.** Enfin, si vous préférez attaquer le Barbare pour tenter de le neutraliser avant qu'il n'ait pu donner l'alerte, rendez-vous au **161.**

207

Vous distinguez la sombre silhouette de la créature qui fonce le long du tunnel dans votre direction. Elle est assoiffée de sang et frémissante de rage, prête à vous mettre en pièces. Vous songez alors qu'en sautant de côté lorsque la créature surgira du tunnel, il se peut qu'elle vous rate et que, emportée par son élan, elle tombe tête la première sur la mince couche de glace qui recouvre le lac. Si vous souhaitez tenter ce saut de côté lorsque le Languabarb bondira hors du tunnel, rendez-vous au **80.** Si vous préférez rester où vous êtes et combattre le monstre quand il sera devant vous, rendez-vous au **253.**

208

Le Barbare des Glaces vous voit approcher et tire aussitôt son épée en os, puis il se poste devant l'escalier pour vous empêcher de passer. Il vous faut l'affronter.

BARBARE
DES GLACES HABILETÉ : 17 ENDURANCE : 30

Si vous remportez la victoire en 4 Assauts ou moins, rendez-vous au **4.** Si vous gagnez le combat en plus de 4 Assauts, rendez-vous au **81.**

209

Vous vous cramponnez à la paroi rocheuse pendant toute la nuit. Le vent glacial vous cingle le visage et vous êtes saisi de tremblements incontrôlables, luttant de toutes vos forces pour ne pas vous évanouir. Vous perdez 2 points d'ENDURANCE. L'huile de Bakanal vous permet, cependant, de conserver suffisamment de chaleur dans votre corps pour arriver à survivre : sans elle, le froid aurait eu raison de vous. Rendez-vous à présent au **155.**

210

Vous pouvez prendre l'arme du Barbare si vous le souhaitez : il s'agit d'une Epée en Os incrustée de dents. En examinant son cadavre, vous découvrez un Bracelet d'Or passé à son poignet droit. Si vous maîtrisez la Discipline Kaï du Sixième Sens, rendez-vous au **316.** Si vous souhaitez vous emparer du Bracelet d'Or, rendez-vous au **236** après l'avoir inscrit sur votre *Feuille d'Aventure* dans la case Objets Spéciaux. Si vous ne souhaitez pas prendre le Bracelet, hâtez-vous de repartir le long du couloir en direction d'un croisement situé un peu plus loin. Rendez-vous alors au **215.**

211

Le cyclone est si violent qu'il en déchire presque vos vêtements tout en vous bombardant de pierres et de morceaux de glace. Vous serrez les dents et vous essayez de courir, mais le froid annihile vos forces et vous devez avancer pas à pas en vous cramponnant au mur pour ne pas être aspiré par le tourbillon déchaîné. Utilisez la *Table de Hasard* pour obtenir un chiffre. Si votre total actuel d'ENDURANCE est inférieur à 10, ôtez 3 points du chiffre que vous aurez tiré. Si le total obtenu est de — 3 à 3, rendez-vous au **95.** S'il est de 4 à 9, rendez-vous au **196.**

212

Lorsque vous revenez sous la tente, Dyce prépare un délicieux Repas qui vient à point pour vous remplir l'estomac et vous redonner courage. Vous avez parcouru à présent une distance appréciable et, en dépit des épreuves physiques que vous avez dû supporter, vous vous sentez confiant et impatient de continuer. Irian va chercher les Couvertures de Fourrure dans le traîneau et vous vous préparez tous à passer une bonne nuit de sommeil. La nuit, vous gardez toujours vos vêtements pour vous protéger du froid et vous n'enlevez que vos bottes. Les quelques jours que vous avez passés sur ces terres désolées ont suffi à vous en apprendre long sur les techniques de survie. Lorsque vous vous déchaussez, vous prenez garde à ce que vos bottes conservent bien la forme de vos pieds : par ces températures glaciales, en effet, elles ont tôt fait de geler et de devenir dures comme la pierre ; vous avez alors toutes les peines du monde à les chausser à nouveau si elles se sont déformées. Pour dénouer vos lacets, vous devez ôter vos gants, mais il vous faut interrompre l'opération à plusieurs reprises pour remettre vos moufles dès que vous sentez la morsure du gel vous engourdir les doigts. Lorsque vous êtes enfin pelotonné sous vos fourrures, vous claquez encore des dents pendant quelques instants avant de sombrer dans un profond sommeil tandis que le vent mugit au dehors. Rendez-vous au **238.**

213

Vous dirigez la pointe du Glaive de Sommer vers la baguette de cristal de Vonotar et, un instant plus tard, le cône de givre, détourné de sa trajectoire, vient se fracasser contre la lame d'or. Le Glaive de Sommer vous a une fois encore protégé de la magie destructive de Vonotar et vous entendez le sorcier pousser un juron rageur. Rendez-vous au **252.**

214

Malheureusement, le Languabarb a décelé votre odeur et se précipite vers votre cachette. Il vous donne un coup de son énorme patte et ses griffes déchirent la manche de votre tunique. Vous perdez 2 points d'ENDURANCE. Pour fuir le Languabarb, il ne vous reste plus à présent qu'un seul moyen : traverser le lac en courant. Si vous souhaitez tenter cette fuite à travers le lac, rendez-vous au **322.** Si vous préférez combattre le Languabarb, rendez-vous au **123.**

215

Le couloir forme un angle et vous vous hâtez de tourner le coin. Derrière vous, tout semble silencieux et vous poussez un soupir de soulagement. Vous remarquez alors que le grondement entendu précédemment est devenu plus intense dans ce tunnel. A quelques mètres sur votre gauche, un petit passage mène à une porte de pierre qui est fermée. Si vous souhaitez examiner cette porte, rendez-vous au **13.** Si vous préférez poursuivre votre chemin le long du couloir en direction du nord, rendez-vous au **254.**

216

Vous avez parcouru un kilomètre et demi environ lorsque vous apercevez les premiers éclaireurs Barbares. Ils sont à skis et se trouvent au nord. Tout d'abord vous ne voyez que deux de ces redoutables guerriers, mais trois de leurs camarades les rejoignent bientôt. Grands, la carrure particulièrement impressionnante, ils portent des vêtements de fourrure. Quelques-uns d'entre eux sont également équipés d'une armure en os. En dépit de leur taille, ils glissent sur la neige avec une grâce et une rapidité presque félines. Chacun d'eux s'est attaché dans le dos une longue baguette à l'extrémité de laquelle flotte un petit drapeau. Soudain, une flèche à la pointe d'os vous frôle le genou et vient se ficher dans l'armature de bois du traîneau. Un instant plus tard, un éclaireur Bar-

216 *Chaque barbare porte un enfant sur le dos, armé de petits arcs en os.*

bare passe à moins de dix mètres de vous en filant sur ses skis et vous avez le temps d'apercevoir son visage aux pommettes saillantes et aux yeux bridés. Puis, tout à coup, vous vous rendez compte que le Barbare porte un enfant sur le dos. En fait, chacun des éclaireurs porte ainsi un enfant blotti dans un sac à dos : c'est la raison pour laquelle leur carrure vous semblait, de loin, si impressionnante. Ces enfants sont armés de petits arcs en os et ils décochent des flèches en un tir nourri tandis que leurs pères se rapprochent de vous en glissant sur leurs skis. Brusquement, Irian s'écroule, une flèche plantée dans le dos. Dyce s'élance à son secours, mais il a à peine fait dix pas qu'une autre flèche l'atteint à son tour. Fenor aussi est touché, une flèche lui transperce la gorge. D'un pas chancelant, il essaye courageusement de se maintenir debout pendant quelques instants avant de s'effondrer dans la neige. Vous êtes seul, à présent, tous vos guides sont morts. Un éclaireur Barbare passe alors à votre gauche puis après un virage en épingle à cheveux, il se met à foncer sur vous en pointant une longue lance à hauteur de votre poitrine. Si vous souhaitez combattre l'éclaireur Barbare, rendez-vous au **158.** Si vous préférez tenter de vous enfuir, rendez-vous au **149.**

217

Le monolithe explose soudain, projetant en tous sens des centaines d'éclats tranchants comme des rasoirs. Vous êtes criblé par les fragments de pierre et la seule force de l'explosion vous précipite sur le sol. Vous perdez 10 points d'ENDURANCE. Si vous êtes toujours vivant, rendez-vous au **154.**

218

La boîte en os contient un magnifique Diamant. Même dans la pénombre des lieux, ses multiples facettes étincellent. Dans le royaume du Sommerlund, une pierre de cette taille et de cette qualité vaudrait des milliers de Couronnes d'Or. Si vous souhaitez conserver ce Diamant, glissez-le dans votre poche et inscrivez-le sur votre *Feuille d'Aventure* dans la case Objets Spéciaux. Vous pouvez à présent examiner la porte de la forteresse en vous rendant au **52.**

219

Vous sentez que le sourd grondement qui résonne dans cette partie de la forteresse est beaucoup plus intense dans le couloir orienté à l'ouest que dans celui orienté à l'est. Ce bruit a quelque chose d'insolite qui vous met mal à l'aise. Vous décidez donc d'éviter le couloir de l'ouest et d'emprunter celui de l'est. Rendez-vous au **349.**

220

Le lendemain, il règne un froid polaire. Un fort vent d'ouest souffle sans relâche tandis que vous conduisez votre traîneau en direction de la plaine de Hrod. Vous avez de la neige dans les yeux et vos lèvres gercées saignent. Vers midi cependant, vous atteignez la bordure de la plaine. Le traîneau de Dyce et d'Irian arrive le premier devant le mur de glace, et ils vous encouragent à les rejoindre le plus vite possible. Mais soudain, sans que rien ne l'ait laissé prévoir, une grande fissure apparaît entre les deux traîneaux, accompagnée d'un craquement terrifiant : quelques instants plus tard, une immense crevasse aux profondeurs obscures s'est formée devant vous. Vous tirez frénétiquement sur les rênes, mais il est trop tard : les chiens Kanu n'ont pas le temps de s'arrêter et disparaissent dans le vide. Votre traîneau reste en équilibre au bord de la crevasse tandis que les chiens hurlent, suspendus dans le gouffre, retenus par leur harnais. Avec d'infinies précautions, vous vous risquez à jeter un coup d'œil dans la crevasse. Le harnais des deux premiers chiens a cédé et les deux malheureux animaux se sont écrasés cinquante mètres plus bas, sur une surface glacée. L'un d'eux semble mort. L'autre est gravement blessé et gémit à côté du corps immobile de son congénère. Tout d'un coup, le traîneau se met à basculer un peu plus, dans une brusque secousse et vous êtes saisi d'épouvante. Si vous souhaitez vous glisser précautionneusement vers l'arrière du traîneau, en compagnie de Fenor, rendez-vous au **146.** Si vous préférez sauter hors du traîneau, sur la glace fissurée rendez-vous au **29.**

221

Le couloir dans lequel vous vous trouvez maintenant bénéficie d'une température beaucoup plus clémente que la caverne glacée. Pour la première fois depuis longtemps, vous pouvez abaisser le capuchon de votre cape et enlever vos moufles sans risquer la morsure du gel. Vous remarquez que ce passage monte vers une sorte de palier où un autre couloir bifurque en direction de l'est. Des coupes de M'lare sont suspendues à la voûte, à intervalles réguliers, éclairant d'une lumière insolite les murs ornés de motifs sculptés. Lorsque vous approchez du palier, vous apercevez une arcade qui ouvre sur une petite pièce. Vous découvrez alors un étrange spectacle. Le sol de cette pièce, en effet, est encombré de fourrures en lambeaux, d'éclats de poterie et de toutes sortes de débris qui semblent avoir été amassés là depuis des siècles. Un grand levier est fixé au mur, juste à côté de l'arcade. Si vous souhaitez entrer dans cette pièce pour examiner les débris qu'elle contient, rendez-vous au **38.** Si vous souhaitez tirer le levier, rendez-vous au **163.** Enfin, si vous préférez poursuivre votre chemin vers l'est, le long du couloir, rendez-vous au **237.**

222

Mettant en pratique votre Discipline Kaï, vous vous dissimulez dans l'ombre projetée par un pilier. Les Barbares des Glaces passent à quinze centimètres de vous, mais ils ne s'aperçoivent pas de votre présence. Lorsque vous êtes sûr qu'ils se sont suffisamment éloignés, vous sortez de l'ombre et vous poursuivez votre chemin le long du couloir. Rendez-vous au **330**.

Le traîneau contient le matériel détaillé ci-dessous. Vous pouvez prendre n'importe lequel de ces objets et le ranger dans votre Sac à Dos, mais n'oubliez pas que vous n'avez pas le droit d'y transporter plus de huit objets : Des provisions équivalentes à 5 Repas (chaque Repas compte pour un objet ; vous pouvez en emporter autant que vous le désirez, de 1 à 5, dans la limite bien sûr de la place dont vous disposez). Une Tente (elle compte pour 3 objets). Des Couvertures de Fourrure (elles comptent pour 2 objets). Une Longue Corde (elle compte pour 2 objets). Dyce se porte volontaire pour retourner avec le traîneau et les chiens, à l'endroit où est ancré le vaisseau Cardonal, tandis que vos deux autres guides et vous-mêmes poursuivrez votre chemin en direction d'Ikaya, la Forteresse des Glaces. Ikaya a été taillée dans la chaîne de Hrod en des temps très anciens, par une race de créatures qui a depuis longtemps disparu. Des milliers d'années ont passé avant que les Barbares des Glaces, émigrant des Étendues Inexplorées, ne viennent s'approprier la forteresse. Depuis cette époque leurs chefs, que l'on appelle les « Brumalmarc », exercent leur pouvoir sur les terres de Kalte à l'abri des murs de glace d'Ikaya. Vous avez parcouru environ 8 kilomètres lorsque Irian pointe soudain l'index en direction de l'ouest. « Là, là-bas, dit-il, j'ai vu quelque chose, j'en suis sûr ! » Vous vous arrêtez et vous essayez d'apercevoir ce qui a pu lui apparaître inhabituel dans ce paysage monotone de glace et de neige. « Regardez là-bas ! » s'écrie alors Fenor, en montrant une hauteur située à un kilomètre et demi environ. Vous distinguez alors deux guerriers vêtus de fourrure qui se tiennent debout sur un gros bloc de glace. Les deux guerriers vous observent. « Des Barbares des Glaces, murmure Irian, la voix tremblante de peur, si jamais ils arrivent avant nous à Ikaya et signalent notre présence, autant dire que nous sommes morts. » Vous avez encore un quinzaine de kilomètres à parcourir pour atteindre la forteresse et il ne reste que deux heures de jour. Si vous souhaitez ne pas prêter attention à ces Barbares et poursuivre votre chemin vers Ikaya, rendez-vous au **327.** Si vous préférez les attaquer pour essayer de les empêcher de donner l'alerte, rendez-vous au **307.**

224

A six mètres au-dessous environ, vous apercevez un homme vêtu d'une cape sombre. Il est agenouillé au milieu d'un grand pentagramme dessiné à la craie sur le sol d'une cellule sale et obscure. Si vous souhaitez appeler cet homme, rendez-vous au **67.** Si vous préférez rester silencieux et poursuivre votre chemin le long du couloir en direction de l'escalier, rendez-vous au **166.**

225

Le bouchon est scellé avec de la cire. Si vous voulez briser la cire, sachez que vous prenez le risque de casser le verre peu épais de la fiole. Pour essayer de briser la cire qui scelle le bouchon, rendez-vous au **54.** Si le contenu de cette fiole ne vous inspire pas confiance et que vous ne souhaitiez pas risquer de la casser, abandonnez-la et retournez au **10** pour faire un nouveau choix.

226

Vous agitez frénétiquement le pied et vous parvenez à vous libérer au moment précis où le traîneau bascule dans la crevasse. Fenor se précipite alors vers vous et vous tire en arrière pour vous éloigner du bord instable. Ensuite, vous sautez tous deux par-dessus l'ouverture béante que vous franchissez sans encombre, et vous rejoignez les autres. Vous avez perdu votre traîneau, vos chiens et la plus grande partie de vos vivres, mais vous êtes vivant. Bien que cette perte doive inévitablement entraîner des épreuves supplémentaires dans la suite de votre voyage, vos guides acceptent de poursuivre la mission. Au loin, vous apercevez un étroit défilé, à la jonction de la banquise et de la plaine de Hrod. À la nuit tombée, vous atteignez l'abri de ce défilé et vous décidez d'y établir votre campement. En faisant alors l'inventaire des vivres qui vous restent, vous vous apercevez qu'il faudra diminuer les rations de moitié, d'ici à Ikaya. Dans l'immédiat, le maigre Repas qui vous tient lieu de dîner vous fait perdre 1 point d'ENDURANCE. Rendez-vous au **325.**

227

Les boutons de pierre dépassent d'environ deux centimètres de la surface lisse de l'autel. Vous remarquez que d'étranges hiéroglyphes sont tracés tout autour, mais le temps les a presque effacés et il est difficile de les distinguer clairement. Il vous faut à présent décider dans quel ordre vous allez appuyer sur les boutons. Si vous possédez la Discipline Kaï de la Maîtrise Psychique de la Matière, vous pourrez les enfoncer sans avoir besoin de les toucher. Si vous décidez d'appuyer sur le bouton de gauche, puis sur celui de droite, rendez-vous au **102.** Si vous préférez appuyer d'abord sur le bouton de droite et ensuite sur celui de gauche, rendez-vous au **334.** Enfin, si vous décidez d'appuyer sur les deux boutons en même temps, rendez-vous au **299.**

228

Vous faites appel à tous vos pouvoirs de concentration pour élever le bol d'herbes fumantes et le faire avancer dans le couloir, suspendu dans les airs. Enfin, vous le posez à distance à l'ombre d'un pilastre et vous observez avec une grande curiosité les effets produits par la mixture. Moins d'une minute plus tard, les Barbares des Glaces se sont effondrés sur le sol. « Allons-y à présent, » murmure Loi-Kymar en vous faisant sortir de la cuisine. Vous vous approchez ensuite de la salle du Trône du Brumalmarc et vous découvrez alors que l'une des magnifiques portes incrustées de pierreries n'est pas fermée à clé. Tirant aussitôt votre épée, vous entrebâillez doucement la porte et vous pénétrez dans le repaire de Vonotar. Rendez-vous au **173.**

229

Vous reconnaissez ce serpent : c'est un Javek, un serpent des glaces à deux têtes, et au venin mortel. Tandis qu'il ondule vers vous, vous voyez s'ouvrir la gueule de sa seconde tête et vous distinguez nettement ses crochets jaunes à l'extrémité desquels perle une goutte de venin. La créature se déplace très rapidement et vous avez parfaitement conscience que vous ne pourrez pas la distancer sur cette corniche étroite. Si vous possédez une Sphère de Feu, rendez-vous au **46.** Sinon, il faut vous préparer au combat et vous rendre au **88.**

230

Le Monstre d'Enfer se consume et se décompose à vos pieds, un gaz vert et nauséabond s'échappant de ses vêtements. Tandis que vous contemplez avec horreur sa répugnante dépouille, vous songez que cette créature a dû être envoyée ici pour tuer Vonotar ; les Maîtres des Ténèbres, en effet, voulaient ainsi faire payer au mage félon sa défaite dans la bataille du golfe de Holm. Vonotar a sans doute découvert la présence du Monstre d'Enfer dans la forteresse et l'a emprisonné dans un pentagramme en attendant de trouver le moyen de s'en débarrasser définitivement. Vous tâtez avec précaution votre gorge blessée en remerciant les dieux d'avoir pu brandir le Glaive de Sommer : son pouvoir, une fois de plus, vous a sauvé la vie. Enfin, vous abandonnez les restes nauséabonds du Monstre d'Enfer, et vous vous hâtez de descendre l'escalier. Rendez-vous au **166.**

231

Vous sentez qu'il y a là quelque chose d'anormal. Les terres de Kalte, en effet, sont dépourvues de mines et, par conséquent, tous les métaux, et pas seulement l'or, y sont considérés comme un bien rare et précieux. Le seul moyen qu'ont les Barbares des Glaces de se procurer du métal, c'est de l'échanger chaque été contre des fourrures sur le marché de Liouk ; mais seul l'acier les intéresse. Aussi en déduisez-vous que ces Bracelets sont portés par obligation plutôt que par souci de coquetterie. Si vous souhaitez passer l'un de ces Bracelets d'Or à votre poignet, inscrivez-le sur votre *Feuille d'Aventure* dans la case Objets Spéciaux et rendez-vous au **187.** Si vous préférez laisser ces Bracelets là où ils sont et poursuivre votre exploration d'Ikaya, rendez-vous au **63.**

232

Après avoir réussi à franchir la crevasse, vous poursuivez votre chemin pendant presque une heure avant d'arriver enfin devant le glacier de Viad. Son ascension est une entreprise redoutable : il présente en effet un mur de glace lisse en à-pic qui s'élève à plus de trente mètres de hauteur. Il vous faut décharger les traîneaux puis hisser le matériel au sommet avant de le recharger à nouveau. Les chiens Kanu passent leur temps à se battre entre eux tandis que vous menez à bien cette tâche fastidieuse et épuisante. Lorsque enfin tout le matériel se trouve sur le glacier, vous vous apercevez que vos provisions, singulièrement malmenées par ce transport, ne sont plus qu'une bouillie peu appétissante ; il faut cependant vous en contenter en guise de dîner. Vous dressez la tente au sommet du mur de glace, au creux d'une cuvette naturelle et vous vous installez pour profiter d'une nuit de repos bien méritée. Utilisez la *Table de Hasard* pour obtenir un chiffre. Si vous tirez un chiffre de 0 à 6, rendez-vous au **85.** Si vous tirez 7, 8 ou 9, rendez-vous au **300.**

233

Vous reconnaissez ce liquide : c'est une décoction de Laumspur, une herbe aux propriétés curatives particulièrement efficace. Cette Potion concentrée permet à celui qui la boit de récupérer 5 points d'ENDURANCE. Si vous souhaitez conservez la fiole, inscrivez-la sur votre *Feuille d'Aventure* dans la case Objets Spéciaux. Retournez à présent au **10** pour faire un autre choix.

234

L'homme hésite un instant, puis vous donne sa réponse : « C'est l'auberge de l'Ancre Rouillée, bien entendu. » Si vous souhaitez à présent effacer une partie du pentagramme pour libérer le prisonnier, rendez-vous au **170.** Si vous préférez le laisser dans sa prison magique, refermez la porte de la cellule et retournez dans le couloir principal en vous rendant au **254.**

235

Après avoir parcouru une courte distance, vous arrivez dans une vaste grotte remplie de stalactites et de stalagmites. Le sol est couvert de traces d'animaux et d'ossements, mais l'endroit semble désert et tranquille. Vous remarquez que le mur situé au nord présente une surface lisse constituée de blocs de granite s'élevant jusqu'à un plafond de glace, à plus de 30 mètres de hauteur. Soudain, vous comprenez que vous êtes en train de contempler les fondations de pierre d'Ikaya :

235 *Vous arrivez dans une vaste grotte remplie de stalactites et de stalagmites.*

vous avez donc enfin réussi à atteindre la Forteresse de Glace. Vous distinguez alors, à demi cachée par un entassement de cristal, une rampe qui mène à une grande porte de pierre aménagée dans le mur de la forteresse. Cette découverte vous donne un regain d'espoir : si vous parvenez, en effet, à pénétrer dans la forteresse et à capturer rapidement Vonotar, vous aurez encore le temps de revenir à l'endroit où est ancré le Cardonal avant que les glaces d'hiver ne se forment sur la mer. Si vous souhaitez traverser la caverne pour aller examiner la porte de pierre, rendez-vous au **52**. Si vous préférez examiner les ossements répandus sur le sol, rendez-vous au **115**.

236

Dès que le Bracelet d'Or se referme autour de votre poignet, une douleur fulgurante vous déchire la tête. Vous êtes soumis à l'attaque d'une puissante Force Mentale qui essaye d'annihiler votre volonté. Si vous maîtrisez la Discipline Kaï du Bouclier Psychique, rendez-vous immédiatement au **345**. Sinon, rendez-vous au **9**.

237

Vous arrivez bientôt au pied d'un large escalier de pierre qui monte en direction du nord vers un palier situé à une dizaine de mètres au-dessus de vous. Chaque marche a été légèrement creusée en son milieu par les pieds des innombrables créatures qui ont jadis habité les étages inférieurs de la forteresse. Tandis que vous escaladez ces mêmes marches, vous vous demandez pendant combien de temps encore vous pourrez éviter que votre présence ne soit découverte. Jusqu'à présent vous n'avez pas rencontré âme qui vive dans ces couloirs déserts. Pour l'instant, vous bénéficiez de l'effet de surprise et vous priez le ciel que Vonotar ne soupçonne pas la présence d'un intrus dans les profondeurs de sa propre forteresse. Vous arrivez bientôt sur le palier, puis vous traverser une grotte vide en vous dirigeant vers une arcade plongée dans la pénombre. Là, le couloir bifurque : un passage part vers l'est, un autre vers l'ouest. Vous êtes affamé et il vous faut à présent prendre un Repas, sinon vous perdrez 3 points d'ENDURANCE. Si vous souhaitez emprunter le passage orienté à l'est, rendez-vous au **92**. Si vous préférez vous engager dans le passage orienté à l'ouest, rendez-vous au **297**.

238

Les deux jours qui suivent sont un véritable enfer. Des blocs de glace se dressent continuellement sur votre chemin, vous forçant à descendre des traîneaux et à les manœuvrer à la main pour parvenir à passer. Vous avancez lentement et les chiens Kanu sont nerveux, prenant peur à la moindre occasion. Souvent, les traîneaux se renversent, répandant leur chargement sur le sol. Un brouillard de neige fine réduit la visibilité, provoquant par deux fois la chute de Fenor et d'Irian dans des crevasses ; heureusement, la corde de sécurité permet de les ramener sans dommage à la surface. C'est ensuite au tour de votre traîneau de disparaître dans une crevasse. Dyce se porte volontaire pour descendre dans le gouffre à l'aide d'une corde afin de décharger le traîneau : ainsi allégé, il sera possible de le hisser et de le récupérer. Après deux heures d'efforts harassants, vous parvenez enfin à remonter le traîneau mais vous vous apercevez alors qu'il a subi des dégâts irréparables et qu'il ne reste plus qu'à l'abandonner. Une tempête se lève bientôt à l'ouest et souffle si violemment que vous avez du mal à vous maintenir debout. En quelques minutes, les conditions météorologiques sont devenues trop mauvaises pour continuer. Vous dressez donc la tente et vous attendez que la tempête se calme. Des heures durant, la toile de la tente claque sans répit sous le souffle impitoyable du vent. Et, tandis que vous laissez le sommeil vous gagner peu à peu, vous vous demandez quelles autres épreuves vous attendent le lendemain. Vous n'avez alors aucune idée de l'étonnant spectacle qui s'offrira à vos yeux dès votre réveil. Rendez-vous au **117**.

239

Vous perdez très vite conscience. Vous venez en effet de succomber au pouvoir terrifiant d'une ancienne Pierre Maudite, un pouvoir auquel nul être vivant ne peut survivre. La mort est inévitable et ne tardera plus. Peut-être éprouverez-vous malgré tout quelque consolation à apprendre que votre cadavre sera bientôt découvert par un Barbare des Glaces qui l'amènera devant Vonotar (en même temps que la Pierre Maudite). Le traître éprouvera alors tant de joie à vous voir mort qu'il ordonnera que votre corps soit conservé dans un bloc de glace et exposé dans sa salle du Trône, comme un trophée. Mais les radiations de la Pierre Maudite, restée dans votre poche, atteindront le sorcier maléfique en dépit de la couche de glace et Vonotar devra subir de longues souffrances avant de mourir à son tour. Bien entendu, votre mission s'achève ici en même temps que votre vie.

240

Vous faites une chute de plus de dix mètres et vous atterrissez sur le dos au fond de la crevasse, au milieu d'un tas de neige poudreuse. Vous êtes entouré de stalagmites et de pointes de glace qui hérissent les parois, mais par miracle, vous êtes indemne. Quelque peu secoué par le choc, mais reconnaissant d'être toujours en vie, vous vous relevez en vous accrochant à une stalagmite. Vous vous rendez compte alors que vous voyez à peu près clairement autour de vous : une faible lumière filtre en effet à travers une ouverture située à votre gauche. La curiosité l'emporte sur votre prudence naturelle et vous vous approchez de cette lueur d'un pas chancelant. Vous découvrez là une grotte dans laquelle vous pénétrez. Rendez-vous au **284**.

241

Le Barbare des Glaces n'a pas eu le temps de se relever lorsque vous l'attaquez ; il est encore à genoux et incapable de réagir pendant les deux premiers Assauts. En conséquence, vous ne perdrez aucun point d'ENDURANCE au cours de ces deux premiers Assauts, quelles que soient les indications données par la *Table des Coups Portés*. Votre adversaire, en revanche, perdra tous les points d'ENDURANCE indiqués par cette même *Table*.

BARBARE
DES GLACES HABILETÉ : 18 ENDURANCE : 28

Si vous sortez vainqueur de cet affrontement, rendez-vous au **186**.

242

La porte de pierre est parfaitement lisse. Impossible de découvrir ni gonds, ni serrure, ni poignée de ce côté-ci du mur. Si vous disposez du Glaive de Sommer, rendez-vous au **42**. Dans le cas contraire, il ne vous sera possible de quitter les lieux qu'en empruntant le passage qui se trouve dans le mur du nord. Rendez-vous pour cela au **145**.

243

Vous bénéficiez d'une chance exceptionnelle. Vous avez en effet évité de justesse une crevasse profonde que l'obscurité vous cachait. Vous poursuivez donc votre chemin en direction de la lueur sans vous préoccuper des bleus et contusions qui se multiplient sur vos tibias et vos genoux à mesure que vous vous cognez contre les blocs de glace dressés sur votre passage. Rendez-vous au **235**.

244

Vous vous approchez de l'autel à pas prudents. La statue est froide et apparemment inanimée, mais vous sentez que quelqu'un, ou quelque chose, est enfermé à l'intérieur. Vous avez même l'impression d'entendre des cris désespérés qui implorent la liberté. Si vous souhaitez fracasser la statue à l'aide d'une arme, rendez-vous au **150**. Si vous n'avez pas d'arme ou si vous préférez quitter le temple à l'instant et vous diriger vers l'arcade située au nord, rendez-vous au **306**.

La bête, avant de mourir, pousse un dernier cri d'agonie et une odeur pestilentielle vous frappe aussitôt les narines. Même les chiens Kanu froncent le museau en signe de dégoût et se détournent pour essayer d'échapper à l'effroyable puanteur. Irian s'approche alors du cadavre avec un couteau à la main et entreprend de dépecer la créature. Vous faites une grimace en le voyant découper la peau de l'animal, de la gorge au ventre pour l'arracher ensuite de sa chair. Mais vous n'êtes pas au bout de votre écœurement : Irian, en effet, plonge les mains dans la carcasse béante et en retire une graise épaisse dont il s'enduit le visage et le corps.

« C'est de l'huile de Bakanal, s'écrie-t-il avec enthousiasme, elle protège du froid et de l'humidité ; c'est encore mieux que la fourrure pour se préserver des glaces de Kalte. » En même temps, il tend vers vous une main pleine de graisse immonde dont il vous invite à vous enduire la peau à votre tour. Si vous acceptez de l'imiter en vous appliquant de l'huile de Bakanal sur le corps, rendez-vous au **91**. Si en revanche l'idée de sentir à peu près aussi bon qu'une cuve remplie de roquefort rance ne vous séduit guère, rendez-vous au **172**.

246

Vous abaissez le levier et la porte de pierre coulisse latéralement, révélant une vaste grotte froide, sale et vide, à l'exception d'un coffre de granite posé contre le mur situé à l'est. Si vous souhaitez examiner ce coffre, rendez-vous au **45**. Si vous préférez ne pas prêter attention à cette grotte et poursuivre votre chemin en montant l'escalier, rendez-vous au **323**.

247

Le vieil homme relève lentement la tête. Il a les yeux fatigués et meurtris et sa longue barbe grise est tachée de sang caillé. Avec difficulté, il se remet sur pied et scrute l'obscurité au-dessus de lui. « Qui se cache là-haut ? Est-ce toi, Vonotar ? Montre-toi, misérable ver de terre ou alors, va-t-en. Je n'ai pas peur de toi et sache que tu m'inspires le plus profond dégoût. Jamais tu ne parviendras à me briser, traître infâme ! » crie-t-il en brandissant un poing décharné. Son accent vous est familier : c'est en effet le même que le vôtre. Cet homme est l'un de vos compatriotes, un citoyen du Sommerlund originaire du port de Toran. Si vous disposez d'une Corde, vous pouvez la dérouler et la jeter au vieil homme afin de le tirer de sa prison, rendez-vous pour cela au **118**. Si vous n'avez pas de Corde, ou si vous ne souhaitez pas porter secours au prisonnier, vous pouvez poursuivre votre chemin le long du passage en vous rendant au **30**.

248

Vous êtes arrivé à une centaine de mètres du défilé lorsqu'un vertige vous saisit et vous fait perdre l'équilibre. Vous essayez désespérément de vous accrocher à la paroi rocheuse mais vous avez les mains engourdies par le froid et vous tombez dans la vallée. Votre corps, parfaitement conservé dans la glace, sera découvert par une équipe d'explorateurs dans environ 2 000 ans, à quelques années près. Il va sans dire que votre mission s'achève ici en même temps que votre vie.

249

Vous sentez qu'une patrouille de soldats s'approche, venant du sud. Vous empruntez donc le couloir orienté au nord en vous rendant au **104**.

250

La fiole se fracasse entre vos mains et le liquide noir se répand sur la table de pierre. Maudissant votre malchance, vous reniflez prudemment quelques gouttes de la potion qui sont restées dans un fragment de verre incurvé. Si vous avez déjà eu l'occasion de traverser le Cimetière des Anciens, rendez-vous au **77**. Sinon, l'odeur âcre de ce liquide ne vous inspire guère confiance et vous vous débarrassez de la fiole brisée. Revenez ensuite au **10** pour faire un nouveau choix.

251

Dans l'après-midi, votre voyage en direction du glacier devient peu à peu de plus en plus pénible. Les vaisseaux sanguins de vos yeux se mettent à enfler et bientôt, vous avez l'impression qu'on vous pique les globes oculaires à l'aide d'aiguilles chauffées au rouge ou que vos paupières sont couvertes de sable sur leur face intérieure. Fenor est le premier à s'apercevoir de ce qui vous arrive et il fait arrêter les traîneaux. « Cécité des neiges, » dit-il en déchirant un vieux chiffon pour en faire un bandeau, « si vous continuez ainsi la douleur vous aura rendu fou avant que le soleil ne soit couché. » Vous perdez 2 points d'ENDURANCE. Fenor bande vos yeux irrités et vous installe à l'arrière du traîneau, vous êtes à présent allongé à côté du chargement tandis que l'expédition repart. A la nuit tombée, vous atteignez enfin le glacier de Viad. Rendez-vous au **62**.

252

« Ton heure est venue ! » crie une voix, mais c'est celle de Loi-Kymar et non celle de Vonotar. Une touffe d'herbe jetée dans les airs vient frapper le mage félon en pleine poitrine. Un instant plus tard, l'infâme traître bossu se trouve empêtré dans un enchevêtrement de plantes qui l'emprisonnent de la tête aux pieds. Loi-Kymar parvient à son tour à franchir le fossé et vous rejoint sur la plate-forme. « Prenez soin de lui ôter ses bagues et ses amulettes, recommande-t-il tout en cherchant sa Crosse de la Guilde, car c'est un maître en matière de fourberie, et ce serait dommage qu'il manque la petite fête de bienvenue que le Sommerlund lui réserve pour son retour. Le sang-froid du vieil homme vous émerveille : ce terrible affrontement, en effet, ne lui a pas fait perdre son calme. « Ah ! La voici ! » annonce-t-il d'un ton triomphal en trouvant sous le Trône du Brumalmarc sa Crosse de la Guilde. Vous lui montrez alors

252 *En un instant, l'infâme bossu se trouve prisonnier dans un enchevêtrement de plantes.*

votre carte de Kalte en lui indiquant l'endroit où est ancré le Cardonal. « Je n'ai pas besoin de cela, répond-il avec une nuance de mépris, les cartes sont toujours fausses et je préfère m'en remettre à mon propre sens de l'orientation ». Le vieux magicien lève alors sa Crosse et un rayon aveuglant jaillit aussitôt de son extrémité. Il décrit ensuite trois larges cercles dans les airs et la salle du Trône du Brumalmarc se transforme instantanément en un kaléidoscope aux multiples couleurs. Rendez-vous au **350**.

253

Le Languabarb vous heurte avec tant de force que vous êtes violemment projeté en arrière, sur la mince couche de glace qui recouvre le lac. Assommé pour le compte, vous ne sentez même pas que des dents pointues s'enfoncent dans votre chair. Qui vous a dévoré ? Le Languabarb, ou la créature du lac dont vous aviez aperçu la silhouette ? Vous ne le saurez jamais. La seule chose certaine, c'est que votre mission s'achève ici en même temps que votre vie.

254

Vous découvrez une autre porte de pierre dans le mur ouest du couloir. A travers un judas aménagé en son centre, vous apercevez, de l'autre côté, une cellule. Un vieil homme est recroquevillé dans un coin de la prison, les cheveux et le visage souillés de sang et de crasse. Sa toge bleue est si sale qu'on ne voit presque plus les croissants de lune et les étoiles dont l'étoffe est brodée. Si vous souhaitez ouvrir la porte de cette cellule, rendez-vous au **56**. Si vous préférez ne pas prêter attention au vieil homme et poursuivre votre chemin le long du couloir, rendez-vous au **276**.

255

La mise en pratique de la Discipline Kaï de l'Orientation vous permet de savoir que le tunnel de gauche est orienté au nord tandis que celui de droite mène vers l'est. Or, Ikaya se trouve à environ 80 kilomètres en direction du nord. Si vous souhaitez prendre le tunnel de gauche, rendez-vous au **125**. Si vous préférez emprunter celui de droite, rendez-vous au **184**.

256

La porte claque dans votre dos, vous interdisant désormais de revenir dans le couloir. Peu à peu, vous sentez le sol vibrer, mais cette trépidation n'est que de courte durée : dès qu'elle a cessé, vous entendez un faible déclic et vous voyez aussitôt une fissure apparaître sur le monolithe noir. La fissure est visible tout autour du bloc de pierre et elle s'élargit de plus en plus. Si vous souhaitez vous préparer au combat, rendez-vous au **217**. Si vous préférez vous abriter dans un coin en vous couvrant de votre cape, rendez-vous au **7**.

257

Un frisson vous parcourt l'échine tandis que les cris de Dyce s'évanouissent à mesure qu'il tombe dans la gorge. Vous scrutez encore l'obscurité du gouffre lorsque Irian s'écrie soudain : « Là !... Là-bas ! Je suis sûr que j'ai vu quelque chose. » Vous vous tournez vers lui pour constater qu'il pointe l'index non pas vers le fond de la gorge, mais en direction de l'ouest.

« Regardez ! Là-bas ! » dit à son tour Fenor qui montre une lointaine hauteur. Vous apercevez alors deux guerriers vêtus de fourrure, debout au sommet d'un gros bloc de glace. Ils regardent dans votre direction, alertés sans nul doute par les hurlements de Dyce. « Ce sont des Barbares des Glaces, murmure Irian, la voix tremblante de peur, s'ils atteignent Ikaya avant nous, ils avertiront les autres de notre présence et nous pourrons alors nous considérer comme morts. » Il reste encore 25 kilomètres à parcourir pour atteindre la Forteresse de Glace et, dans trois heures, la nuit sera tombée. Si vous souhaitez poursuivre votre chemin vers Ikaya en espérant arriver là-bas avant les Barbares, rendez-vous au **327**. Si vous préférez les attaquer pour les empêcher de donner l'alerte, rendez-vous au **307**.

258

La sueur perle à votre front tandis que vous vous concentrez pour essayer de vous protéger contre cette attaque psychique. Votre agresseur, quel qu'il soit, est un adversaire redoutable et vous êtes conscient qu'il va falloir vous débarrasser du Bracelet si vous voulez survivre à l'épreuve de ce combat mental. Mais, pour pouvoir ôter le Bracelet d'Or de votre poignet, vous allez devoir pendant un instant relâcher votre concentration. Votre Bouclier Psychique, dès lors, ne vous protégera plus. Utilisez la *Table de Hasard* pour obtenir un chiffre (en considérant exceptionnellement que 0 = 10). Si vous maîtrisez les Disciplines Kaï de la Chasse ou du Sixième Sens, vous aurez le droit d'ôter 2 au chiffre que la *Table* vous aura donné. Le total obtenu vous indiquera le nombre de points d'ENDURANCE que vous aurez perdu avant d'avoir réussi à vous débarrasser du Bracelet maudit. Si vous êtes toujours vivant, mettez votre *Feuille d'Aventure* à jour et rendez-vous au **63**.

259

Soudain, Fenor se relève d'un bond et saisit son épée. « C'est un Languabarb ! s'écrie-t-il, vite ! prenez vos armes ou nous sommes perdus. » Les autres se hâtent d'empoigner leurs armes tandis que Fenor disparaît au-dehors. Presque immédiatement, un hurlement de douleur retentit et quelque chose se trouve violemment projeté contre la toile de la tente qui s'écroule aussitôt sous le choc. Vous vous retrouvez alors couché côte à côte avec le cadavre mutilé de Fenor. Saisi de panique, vous vous dépêtrez de la toile de tente et vous tirez votre arme. A ce moment, un énorme monstre quadrupède vous saute dessus. Ses yeux rouges brillent comme deux charbons ardents et sa gueule ouverte, hérissée de dents pointues, laisse apparaître une langue couverte d'un poil rêche. La bête est sur vous et il vous faut la combattre.

LANGUA-BARB	HABILETÉ : 11 ENDURANCE : 35

Si vous perdez des points d'ENDURANCE au cours de ce combat, rendez-vous immédiatement au **129**. Si vous parvenez à tuer la créature sans perdre un seul point d'ENDURANCE, rendez-vous au **151**.

260

La surprise de votre attaque vous permet de frapper par deux fois le Barbare des Glaces avant qu'il n'ait eu le temps de réagir. Vous ne perdrez donc aucun point d'ENDURANCE au cours des deux premiers Assauts de ce combat, quelles que soient les indications qui vous seront données par la *Table des Coups Portés*. Le Barbare en revanche perdra les points d'ENDURANCE indiqués par cette même *Table*. Si, lors du troisième Assaut, votre adversaire est toujours vivant, il dégainera une épée en os et vous attaquera à son tour. Le combat se déroulera alors à la manière habituelle. Ce Barbare, notez-le, est invulnérable à la Discipline Kaï de la Puissance Psychique.

BARBARE
DES GLACES HABILETÉ : 17 ENDURANCE : 29

Si vous remportez la victoire, rendez-vous au **210**.

261

Lorsque vous arrivez au bas des marches, vous trébuchez et vous tombez en vous écorchant le genou. Etalé de tout votre long sur le sol de pierre, vous remarquez alors une ouverture dans le mur de gauche : il s'agit d'une porte habilement dissimulée parmi les sculptures contournées qui ornent la paroi. En y regardant de plus près, vous découvrez un petit levier que vous tirez aussitôt. Rendez-vous au **290**.

262

L'enfant vous donne des coups de pied et vous mord le bras en se débattant comme un animal sauvage. Utilisez la *Table de Hasard* pour obtenir un chiffre qui vous indiquera si vous allez parvenir à le maîtriser. Si vous tirez un chiffre entre 0 et 6, rendez-vous au **320**. Si vous tirez le 7, le 8 ou le 9, rendez-vous au **140**. Enfin, si vous maîtrisez la Discipline Kaï du Sixième Sens, rendez-vous au **71**.

263

Le passage étant étroit, il vous faut combattre les Languabarbs un par un. Leurs langues venimeuses pointées sur vous, ils s'apprêtent à vous piquer.

	HABILETÉ	ENDURANCE
Premier LANGUABARB	11	35
Deuxième LANGUABARB	10	32
Troisième LANGUABARB	8	30

Vous pouvez prendre la fuite à tout moment en vous rendant au **277**. Si vous perdez des points d'ENDURANCE au cours de ce combat, rendez-vous immédiatement au **66**. Si vous remportez la victoire sans perdre un seul point d'ENDURANCE, rendez-vous au **25**.

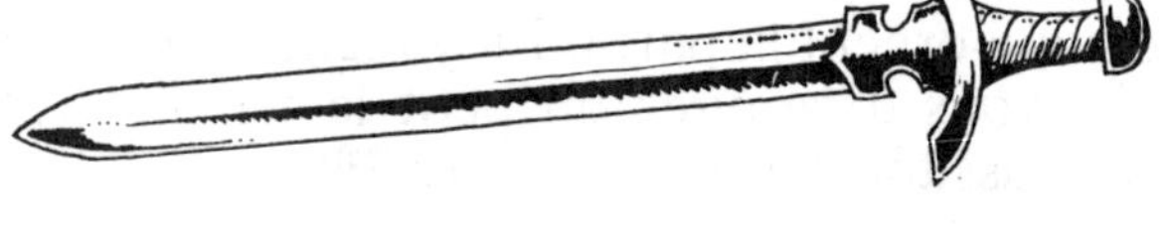

264

Vous entrez dans une grande salle mal éclairée où règne un froid glacial : c'est un temple secret construit là par les Anciens. Le sol est recouvert de dalles de quartz et de granite ; des pierres et des morceaux de glace sont répandus çà et là. Délimitée par deux rangées de hauts piliers, une allée mène à un autel sacrificatoire aménagé dans une alcôve du mur situé au nord. Sur cet autel repose une étrange statue qui semble avoir été sculptée dans de la pierre blanche et lisse. A la tête et aux pieds de la statue, se dressent des piliers noirs encastrés dans la pierre de l'autel. A la gauche de la statue, un escalier monte vers une arcade plongée dans l'ombre. Si vous souhaitez traverser le temple en direction de l'escalier, rendez-vous au **60**. Si vous voulez traverser le temple en ne marchant que sur les dalles de quartz, rendez-vous au **168**. Si vous préférez traverser le temple en ne marchant que sur les dalles de granite, rendez-vous au **244**.

265

Cette étrange créature est un Serpent de Cristal, un nécrophage se nourrissant des restes d'animaux qui ont eu l'imprudence d'entrer dans sa caverne. Sa peau très dure est presque transparente et l'on voit ses organes palpiter à l'intérieur de son corps. Le monstre ouvre sa gueule de cristal, laissant apparaître deux rangées de dents acérées. Le dos plaqué contre la porte de pierre, vous n'avez aucune possibilité de fuite et il vous faut combattre la créature jusqu'à la mort. Le Serpent de Cristal est invulnérable à la Discipline Kaï de la Puissance Psychique.

265 *Cette étrange créature est un Serpent de Cristal, un nécrophage.*

SERPENT
DE CRISTAL HABILETÉ : 15 ENDURANCE : 30

Si vous remportez la victoire, rendez-vous au **3**.

266

Vous essayez désespérément de vous libérer le pied, mais le traîneau bascule déjà dans le vide. Dans un dernier effort, vous parvenez enfin à vous dégager, mais il est trop tard et vous tombez dans la crevasse en entendant les cris horrifiés de vos guides. Rendez-vous au **21**.

267

Loi-Kymar montre soudain la poche dans laquelle vous avez rangé la Pierre Rayonnante. « Pourquoi donc conservez-vous une pierre maudite, Seigneur Kaï ? Ignorez-vous les dangers qu'elle présente ? » Vous retirez aussitôt la Pierre de votre poche et vous la montrez au magicien. « Argh ! » s'écrie-t-il comme si le simple fait de la regarder lui causait une intense douleur, « jetez-la au plus vite, avant que nous ne succombions au terrible mal. C'est une pierre maudite des Anciens, elle ne peut apporter que maladie et mort à quiconque d'entre les mortels convoite sa beauté. » A contrecœur, vous obéissez à Loi-Kymar et vous vous débarrassez de la Pierre. Rayez-la de votre *Feuille d'Aventure*. Rendez-vous ensuite au **44**.

268

Vous parvenez à briser la cire sans casser la fiole. Il ne vous reste plus qu'à la déboucher : le liquide noir dégage alors une odeur forte et âcre. Si vous êtes déjà allé dans le Cimetière des

Anciens, rendez-vous au **177**. Sinon, vous vous hâtez de reboucher la fiole. Cette odeur en effet vous donne la nausée et vous ne souhaitez pas conserver ce liquide douteux. Retournez au **10** et faites un nouveau choix.

269

Vous découvrez un tunnel, de l'autre côté du gouffre, et vous le suivez sur des kilomètres. Vous arrivez enfin dans une immense caverne dont la voûte s'élève à 150 mètres au-dessus de votre tête. Un vent glacial, s'infiltrant à travers les nombreuses fissures de cette voûte, souffle dans la caverne. Si vous voulez essayer de grimper jusqu'à la voûte pour tenter de vous glissez par l'une de ces fissures et sortir ainsi à l'air libre, rendez-vous au **335**. Si vous préférez poursuivre votre chemin en essayant de trouver un autre tunnel au fond de la caverne, rendez-vous au **182**.

270

Les Barbares des Glaces sont pris au dépourvu et vous parvenez à en tuer un avant que l'autre n'ait eu le temps de réagir. Votre adversaire n'a pas d'arme, mais il est décidé à vous combattre avec acharnement.

BARBARE
DES GLACES HABILETÉ : 14 ENDURANCE : 25

Si vous êtes vainqueur, rendez-vous au **340**.

271

Votre attaque a fait perdre l'équilibre à l'éclaireur Barbare qui tombe en soulevant une gerbe de neige et de débris provenant de ses skis brisés sous le choc. L'enfant emmitouflé de fourrure est projeté hors du sac à dos de son père et roule sur lui-même en venant s'immobiliser face contre terre à moins de trois mètres de vous. L'éclaireur Barbare est quelque peu ébranlé par sa chute, mais il essaye déjà de se relever. Si vous souhaitez attaquer l'éclaireur Barbare avant qu'il n'ait complètement repris ses esprits, rendez-vous au **241**. Si vous préférez capturer l'enfant pour le prendre en otage et tenter ainsi de vous échapper, rendez-vous au **262**.

272

Tandis que l'immonde Akranionor meurt à vos pieds dans un ultime tremblement, Vonotar interrompt son attaque psychique et va se réfugier derrière le Trône du Brumalmarc. Loi-Kymar est commotionné, mais il a survécu à l'épreuve. Il vous rejoint alors au bord du fossé dans lequel il jette une poignée d'herbes. Quelques secondes plus tard, un enchevêtrement de plantes grimpantes apparaît, formant un pont qui permet de passer de l'autre côté. Vous vous précipitez vers la plate-forme, et vous êtes arrivé à mi-chemin lorsque Vonotar se montre à nouveau, brandissant une baguette de cristal. Il vise la passerelle végétale et un cône de givre jaillit aussitôt de l'extrémité de sa baguette. Si vous possédez le Glaive de Sommer, rendez-vous au **213**. Sinon, utilisez la *Table de Hasard* pour obtenir un chiffre. Si vous tirez un chiffre entre 0 et 3, rendez-vous au **143**. Entre 4 et 9, rendez-vous au **58**.

273

Vous allez voyager en traîneau jusqu'à Ikaya. Vous disposez de deux traîneaux chargés de vivres et de matériel et tirés par des attelages de chiens Kanu. Il s'agit d'une race de chiens de traîneaux particulièrement robustes que l'on élève uniquement dans les terres de Kalte. Leur épaisse fourrure fauve et leur puissant poitrail, ainsi que leur ardeur bien connue les rendent parfaitement aptes à accomplir la rude tâche qui les attend. Vos trois guides, Irian, Fenor et Dyce, sont tous des trappeurs expérimentés. Les techniques de survie dans les déserts glacés n'ont plus de secrets pour eux et ils connaissent bien les multiples dangers que recèle le pays de Kalte. Dès que les chiens sont attelés, vous montez sur l'un des traîneaux en compagnie d'Irian et vous faites signe aux autres d'ouvrir la voie. En contemplant l'étendue glacée de la banquise de Liouk, vous apercevez au loin une tache blanche étincelante : c'est la plaine de Hrod qui se reflète ainsi sous le soleil. « Ne vous y fiez pas, il s'agit en fait d'un mirage, avertit Irian, les yeux brillants sous son capuchon de fourrure, la plaine de glace se reflète dans l'atmosphère en donnant l'impression qu'elle se trouve à 6 ou 7 kilomètres mais, en fait, elle est distante d'au moins 60 kilomètres. Les apparences peuvent être trompeuses dans les terres de Kalte. » Le temps est clair et aucun vent ne souffle, ce qui vous permet de parcourir une distance appréciable dès ce premier jour. A la nuit tombée, vous établissez votre camp. Les taîneaux sont rangés côte à côte et la tente dressée sous un roc en saillie qui offre un bon abri contre le vent. Si vous maîtrisez la Discipline Kaï du

Sixième Sens, rendez-vous au **35**. Sinon, rendez-vous au **112**.

274

Vous examinez attentivement l'autel et les deux piliers noirs qui se dressent à sa surface. L'éclair qui avait jailli entre ces deux piliers, les reliant par une mystérieuse énergie, s'est éteint au moment précis où vous avez plongé le Glaive de Sommer dans le cyclone démoniaque. Vous remarquez à présent que deux boutons de pierre dépassent de la surface de l'autel, à l'endroit où la statue était couchée. Si vous maîtrisez la Discipline Kaï du Sixième Sens, rendez-vous au **131**. Si vous souhaitez appuyer sur ces boutons, rendez-vous au **227**. Si vous préférez quitter le temple, rendez-vous au **306**.

275

Le tunnel, étroit et bas de plafond, descend en pente douce vers une caverne d'où jaillit une lumière. Lorsque vous arrivez au bout du passage, vous jetez un regard prudent à l'intérieur de cette grotte, de peur que votre arrivée ne dérange quelqu'un ou quelque chose qu'il vaudrait mieux laisser tranquille. Vous avez eu raison d'être prudent, car deux grandes créatures à l'épaisse fourrure sont couchées au milieu de cet espace glacé. Les débris d'une carcasse déchiquetée sont répandus sur la neige autour des deux énormes bêtes. Si vous maîtrisez les Disciplines Kaï de la Chasse, de l'Orientation ou de la Communication Animale, rendez-vous au **293**. Sinon, rendez-vous au **197**.

276

Vous arrivez bientôt au croisement : là, le couloir dans lequel vous vous trouvez aboutit à un autre passage orienté est-ouest. Si vous souhaitez aller vers l'est, rendez-vous au **349**. Si vous préférez aller vers l'ouest, rendez-vous au **50**. Enfin, si vous maîtrisez les Disciplines Kaï de la Chasse ou de l'Orientation, rendez-vous au **219**.

277

Vous vous enfuyez à toutes jambes en revenant sur vos pas, mais les Languabarbs sont familiers des lieux et ils gagnent du terrain. Lorsque vous atteignez la cascade gelée, vous remarquez qu'un gros bloc rocheux aux couleurs argentées forme saillie au-dessus de l'entrée de la grotte. Si vous possédez une arme, vous pouvez essayer de faire tomber ce roc pour obstruer le passage ; rendez-vous pour cela au **142**. Si vous ne disposez d'aucune arme, vous devrez faire face aux créatures et les combattre ; rendez-vous alors au **32**.

278

Le premier coup que vous lui portez fracasse le squelette en projetant ses os alentour. Il ne s'agissait que des restes tout à fait inoffensifs d'un ancien gardien de tombeau. En examinant l'épée de plus près, vous vous apercevez que sa couleur noire est simplement due à la rouille qui recouvre sa lame. Vous abaissez votre arme et vous montez l'escalier à pas lents. Rendez-vous au **36**.

279

Les Bakanals sont réputés pour leur extraordinaire capacité de sommeil : ils peuvent parfois dormir trois jours de suite après avoir fait un copieux repas. Et, à en juger par la quantité d'os fraîchement rongés qui sont répandus sur le sol, ce Bakanal ne se réveillera probablement pas avant plusieurs heures. Vous pouvez donc passer sans danger devant la créature et quitter les lieux. Rendez-vous au **235**.

280

La Clé est recouverte d'un suc digestif particulièrement acide qui transperce vos mouffles et vous brûle les doigts. Vous perdez 1 point d'ENDURANCE. Lâchant aussitôt la Clé, vous plongez vos mains dans la neige pour calmer la douleur. Si vous tenez quand même à conserver cette Clé, essuyez-la dans la neige avant de la glisser dans votre poche, et inscrivez-la sur votre *Feuille d'Aventure* dans la case Objets Spéciaux. Il vous faut à présent trouver le moyen d'ouvrir la porte de la forteresse. Rendez-vous au **344**.

281

Vous vous enfouissez le nez dans votre manche et vous vous détournez de la carcasse. Irian a repris connaissance et il se hâte de plonger à son tour les mains dans l'huile de Bakanal dont il s'enduit également le corps. Le jour tombe vite et vous décidez d'établir votre campement ici même. Un repas est bientôt préparé et, après avoir mangé, vous vous portez volontaire pour monter la garde au cas où des Bakanals reviendraient. Vous préférez de beaucoup, en effet, passer une nuit sans dormir en bravant le souffle du vent plutôt que de dormir sous la tente, dans l'effroyable odeur d'huile de Bakanal que dégagent vos guides. Rendez-vous au **325.**

282

Le Barbare des Glaces était armé d'une Lance que vous pouvez vous approprier si vous le désirez. En fouillant le cadavre, vous découvrez un étrange Disque de Pierre Bleue. Si vous souhaitez conserver ce Disque de Pierre Bleue, glissez-le dans votre poche et inscrivez-le sur votre *Feuille d'Aventure,* dans la case Objets Spéciaux. Une fois parvenu en haut de l'escalier, vous pouvez prendre à gauche, en direction du nord, en vous rendant au **104.** Si vous préférez prendre à droite en direction du sud, rendez-vous au **330.**

283

La porte se ferme rapidement et il ne vous reste guère d'espace pour la franchir. Utilisez la *Table de Hasard* pour obtenir un chiffre. Si vous maîtrisez la Discipline Kaï de la Chasse, vous pourrez ajouter 3 au chiffre que vous aurez tiré. Si le total obtenu est de 0 à 4, rendez-vous au **53.** S'il est de 5 à 7, rendez-vous au **16.** S'il est de 8 à 12, rendez-vous au **113.**

284

Après avoir parcouru une centaine de mètres, vous vous retrouvez dans une immense caverne qui s'étend dans toutes les directions aussi loin que le regard peut porter. Vous venez de pénétrer dans les Grottes de Kalte et vous contemplez en ce moment même un monde inconnu que très peu de Sommerlundais ont jamais eu l'occasion de voir. Ce gigantesque labyrinthe souterrain fut construit par les Anciens en des temps très reculés, bien avant que les Sommerlundais eussent mis le pied sur les terres de Magnamund. Ses larges tunnels, ses temples, ses cavernes ont abrité une race de créatures pour qui la glace était un environnement naturel et, sous ces voûtes, a retenti l'écho de leurs pas et de leurs voix. Des coupes de M'lare sont toujours suspendues aux plafonds, baignant les cavernes de leur lumière éternelle. Vous marchez d'un bon pas pendant presque six heures avant d'arriver au bord d'une petite rivière au cours rapide. Sur la berge opposée, vous apercevez un tunnel qu'il vous faut emprunter pour poursuivre votre chemin. L'eau est profonde, et le seul moyen de la franchir consiste à prendre pied sur des morceaux de glace qui flottent à sa surface, en sautant de l'un à l'autre. Vous pourriez ainsi atteindre l'autre rive, mais c'est une tentative risquée et périlleuse. Pour traverser la rivière, vous devrez sauter trois blocs de glace au moins. Utilisez la *Table de Hasard* pour obtenir un chiffre. Si vous maîtrisez la Discipline

Kaï de la Chasse, vous aurez le droit d'ajouter 2 au chiffre que vous aurez tiré. Si votre total actuel d'ENDURANCE est inférieur à 8, vous devrez ôter 2 du chiffre donné par la *Table*. Si le total obtenu est de – 2 à + 3, rendez-vous au **94.** S'il est de 4 à 11, rendez-vous au **176.**

285

La porte s'ouvre en coulissant latéralement, et vous découvrez avec horreur le regard d'un Barbare des Glaces qui vous fixe de ses yeux blancs totalement dépourvus de pupilles. Un cri rauque, qui ne ressemble à aucun son connu, monte de sa gorge et, un instant plus tard, les Loups Maudits s'éveillent et se mettent à grogner. Si vous souhaitez vous enfuir, il vous faut faire volte-face et redescendre l'escalier quatre à quatre ; rendez-vous alors au **261.** Si vous préférez faire face et combattre, rendez-vous au **343.**

286

La lance vous a écorché l'épaule et vous êtes projeté à terre. Tandis que vous vous relevez tant bien que mal, l'éclaireur Barbare s'arrête, enlève ses skis et s'avance vers vous en tenant à la main une épée en os à l'aspect redoutable. Préparez-vous à combattre. Rendez-vous au **68.**

287

Le Barbare des Glaces pousse un cri rauque qui ne ressemble à aucun son connu. Il vous a repéré et vous devez à tout prix le neutraliser avant qu'il n'avertisse toute la forteresse de votre présence. Vous vous préparez donc à combattre. Rendez-vous au **161.**

288

Cette nuit-là, une tempête souffle sur la banquise et enterre votre tente sous la neige. Tandis que vous dormez, la toile fléchit sous le poids de cette couche compacte et vient effleurer vos Couvertures de Fourrure. Au matin, celles-ci sont trempées et, lorsque vous vous réveillez, vos deux jambes sont paralysées par de terribles crampes. Il vous faut les masser pendant presque une heure avant que vous ne puissiez à nouveau vous tenir debout. Vous souhaitez alors n'avoir jamais mis les pieds dans cet enfer glacé. Rendez-vous au **167.**

289

Vous parvenez à ôter la cire et le bouchon sans casser la fiole dont vous pouvez à présent flairer le contenu. Si vous maîtrisez la Discipline Kaï de la Communication Animale, ou si vous avez le titre Kaï d'Aspirant, ou un titre supérieur, (ce qui signifie que vous maîtrisez au moins 6 Disciplines Kaï), rendez-vous au **156.** Si cette Discipline Kaï vous est inconnue et que vous n'ayez pas le titre d'Aspirant, l'odeur de moisissure du liquide vous rend méfiant et vous vous débarrassez de la fiole. Retournez à présent au **10** et faites un nouveau choix.

290

La porte de pierre s'ouvre lentement, laissant apparaître une arcade baignée de brume qui s'élève en volutes et vous empêche de voir ce qui se trouve derrière. Vous remarquez alors que la température a brutalement baissé. Si vous maîtrisez la Discipline Kaï du Sixième Sens *et* si vous avez atteint le rang de Gardien (ce qui signifie que vous maîtrisez 7 Disciplines Kaï), rendez-vous au **341.** Si vous maîtrisez la Discipline Kaï du Sixième Sens mais que vous n'aviez pas encore atteint le rang de Gardien. Rendez-vous au **124**. Si vous ne maîtrisez pas la Discipline Kaï du Sixième Sens vous vous préparez au combat et vous franchissez l'arcade baignée de brume. Rendez-vous au **264.**

291

Lorsque vous vous éveillez, vous sentez que quelque chose a changé. Il vous faut alors presque une minute pour vous rendre compte que le hurlement incessant du vent a cessé. « C'est une belle matinée », dit Irian d'un ton joyeux, en passant la tête au-dehors. Vous vous levez en hâte et vous allez jeter un coup d'œil à l'extérieur. Devant vous, l'étendue de glace baigne dans un air frais et limpide et un mirage au loin semble projeter dans le ciel le paysage de Kalte. « Nous devrions arriver au lieu dit Le Roc à la nuit tombée », annonce Fenor en passant son harnais à un chien Kanu récalcitrant. » Nous ferions bien d'y établir notre camp jusqu'à demain, c'est un bon abri. Sur la banquise, à cette distance de la mer, un blizzard peut se lever à tout instant et tout balayer sur son passage. Il est arrivé que des trappeurs imprudents ou malchanceux soient ainsi emportés par les vents sur des kilomètres après avoir été surpris à découvert. » Ce jour-là, les traîneaux glissent sans difficulté à la surface lisse de la banquise et les chiens peuvent avancer à bonne allure. Lorsque le soir tombe, vous avez atteint Le Roc, comme prévu : il s'agit d'un pic de granite qui s'élève à travers la glace et dont la forme étrange vous rappelle la Citadelle du roi, à Holmgard, la capitale de votre pays. Vous dressez votre tente à l'abri du Roc pour vous protéger des vents nocturnes. Utilisez la *Table de Hasard* pour obtenir un chiffre. Si vous tirez un chiffre entre 0 et 4, rendez-vous au **103.** Entre 5 et 9, rendez-vous au **220.**

292

La lourde porte s'ouvre en coulissant latéralement et laisse apparaître un long pont de pierre qui traverse une vaste caverne baignant dans le rougeoiement d'un feu d'enfer. Une bouffée d'air chaud à l'odeur putride vous frappe aussitôt au visage et un bruit assourdissant met vos oreilles à rude épreuve. A 15 mètres en contrebas du pont, de grandes cuves de pierre sont suspendues au-dessus de flammes ronflantes. Chacune de ces cuves est remplie d'une substance visqueuse et bouillonnante qui semble s'agiter en tous sens comme si elle était douée de vie. Peu à peu, vous commencez à comprendre ce qui se passe en ce lieu sinistre et un sentiment de peur mêlée de répulsion vous soulève le cœur. Des rangées de socles de pierre portent en effet les cadavres mutilés de Barbares des Glaces que l'on a écorchés et dont la peau est épinglée de part et d'autre du corps, comme sur une table de

292 *Cette caverne est un endroit maléfique, un laboratoire de cauchemar.*

dissection. Des créatures hideuses s'activent autour de chacun des cadavres : c'est une véritable légion de mutants vampiriques qui grouillent ainsi sur un sol ruisselant de sang. Cette caverne est un endroit hautement maléfique, un laboratoire de cauchemar, un temple consacré par Vonotar le Traître à l'art ténébreux de la nécromancie. De l'autre côté du pont, une autre porte s'ouvre soudain et quatre Barbares des Glaces mutants s'avancent vers vous d'un pas traînant. La vue de ces malheureuses créatures vous remplit tout à la fois d'horreur et de pitié. Si vous souhaitez combattre les Barbares mutants, rendez-vous au **83.** Si vous préférez vous enfuir de cette caverne de malheur, rendez-vous au **130.**

293

Les créatures que vous voyez devant vous sont des Languabards, de cruels et sauvages prédateurs des terres de Kalte. Les Bakanals constituent leurs proies favorites, et c'est précisément l'un de ces animaux qu'ils viennent de dévorer, abandonnant ses restes sur le sol de la caverne. Un autre passage orienté au nord vous permettrait de poursuivre votre chemin si toutefois vous parveniez à en atteindre l'entrée : il se trouve en effet tout au fond de la caverne. Si vous voulez essayer de passer devant les Languabarbs en espérant qu'ils ne se réveilleront pas, rendez-vous au **125.** Si vous préférez rebrousser chemin et prendre l'autre tunnel, également orienté au nord, rendez-vous au **235.** Enfin, si vous jugez plus judicieux d'attaquer les créatures endormies, rendez-vous au **109.**

294

Abattre la porte de cette façon représente une tâche harassante qui vous demandera six heures d'efforts. Lorsque vous serez arrivé au bout de vos peines, il vous faudra prendre 2 Repas, sinon, vous perdrez 6 points d'ENDURANCE en raison de la fatigue. Quand enfin vous avez réussi à creuser un trou suffisamment large pour vous permettre de passer, vous vous rendez compte que vous avez malencontreusement attiré l'attention de quelqu'un. Rendez-vous au **106.**

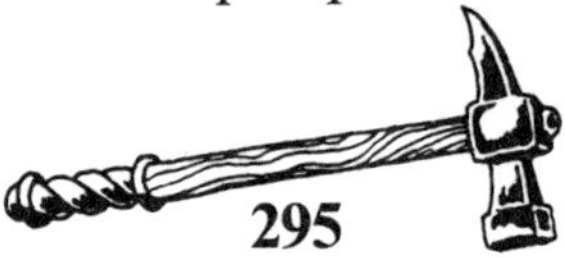

295

En vous voyant entrer, les deux hommes se relèvent d'un bond et s'enfuient par un petit couloir. Leurs cris de panique retentissent en écho dans les profondeurs des souterrains. Vous avez grand-faim et vous dévorez gloutonnement la carcasse rôtie, en ne cessant d'engloutir la viande que pour cracher parfois quelques os. Bientôt, vous remarquez que le feu allumé devant vous brûle dans une demi-sphère de métal. Une autre demi-sphère est posée sur le sol de glace un peu plus loin, et vous constatez que les deux moitiés s'ajustent parfaitement pour former une sphère complète. Lorsque vous séparez à nouveau les deux moitiés, le feu continue de brûler à l'intérieur : c'est donc un feu perpétuel qui est enfermé dans ce globe. Si vous souhaitez conserver cette Sphère de Feu, rangez-la dans votre tunique et inscrivez-la sur votre *Feuille d'Aventure* dans la case Objets Spéciaux. Retournez ensuite dans le tunnel en vous rendant au **132.**

296

Malheureusement, les gardes se doutent de quelque chose et ils vous interpellent dans leur étrange langage. Il ne vous reste plus à présent qu'à les attaquer avant qu'ils n'aient le temps de donner l'alerte. Les vapeurs du mélange d'herbes affectent cependant vos adversaires et le combat en sera ainsi facilité. Vous n'aurez en effet à livrer que 3 Assauts ; à la fin du troisième Assaut, les Barbares des Glaces s'écrouleront à vos pieds, endormis par la mixture fumante.

BARBARES
DES GLACES HABILETÉ : 17 ENDURANCE : 30

Si vous êtes toujours vivant à l'issue du combat, vous faites signe à Loi-Kymar de s'approcher. A votre grande joie, vous constatez alors que l'une des magnifiques portes incrustées de pierreries n'est pas fermée à clé. Vous l'entrebaillez doucement et vous entrez dans la salle du Trône du Brumalmarc, repaire de Vonotar le Traître. Rendez-vous au **173.**

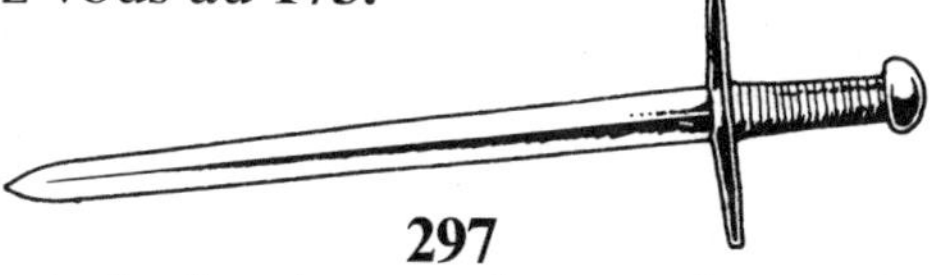

297

Au bout de 5 minutes de marche environ, le couloir tourne brusquement en direction du nord. Un peu plus loin sur votre gauche, vous apercevez une grande porte de pierre ; le levier fixé au mur, juste à côté, est en position haute et la porte fermée. Si vous souhaitez tirer ce levier et ouvrir la porte, rendez-vous au **317.** Si vous préférez poursuivre votre chemin en direction du nord, rendez-vous au **126.**

298

Vous découvrez un étrange Triangle de Pierre Bleue attaché à une chaînette. La main décharnée de l'un des cadavres le tient étroitement serré et vous êtes obligé de fracasser les phalanges blanchies pour libérer l'objet. Si vous souhaitez conserver ce Triangle de Pierre Bleue, passez la chaînette autour de votre cou et glissez l'objet sous votre tunique. Inscrivez-le ensuite sur votre *Feuille d'Aventure* dans la case Objets Spéciaux. Vous pouvez quitter les lieux par un tunnel dont l'entrée se trouve dans le mur du fond ; rendez-vous pour cela au **315.** Vous pouvez également revenir sur vos pas et emprunter l'autre tunnel en vous rendant au **125.**

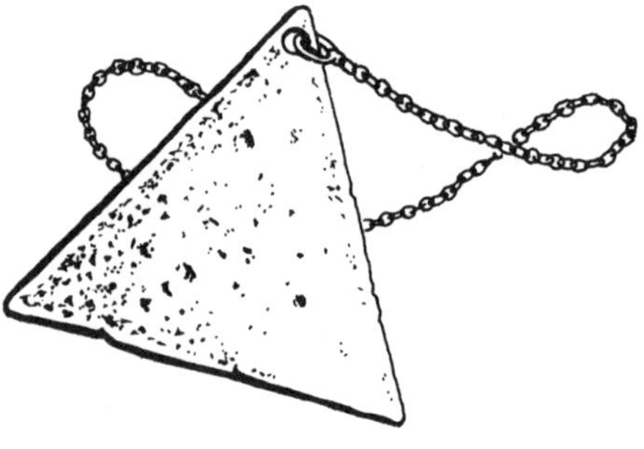

299

Si vous ne possédez pas la Discipline Kaï de la Maîtrise Psychique de la Matière, des éclairs bleus jaillissent des piliers noirs et vous atteignent en pleine poitrine. Vous êtes projeté en arrière sous la force du choc et vous tombez de tout votre long sur le sol glacé du temple. Vous perdez alors 2 points d'ENDURANCE. S'il vous est possible, en revanche de recourir à la Discipline Kaï de la Maîtrise Psychique de la Matière, les éclairs se révèlent inoffensifs pour vous et vous êtes indemne. Si vous voulez essayer à nouveau d'appuyer sur les boutons, rendez-vous au **65.** Si vous préférez quitter le temple, rendez-vous au **306.**

300

Pendant trois jours et trois nuits vous parcourez les étendues mornes et hostiles du glacier de Viad. Irian et Fenor ont tous deux souffert de cécité des neiges et il semble que le vent implacable qui souffle du nord épuise les forces de chacun. Au matin du quatrième jour, le vent tombe enfin et vous pouvez faire le point pour calculer votre position exacte. A la consternation générale, Irian annonce alors que vous vous êtes sensiblement écartés de votre route. Face à vous, les crêtes grises d'une chaîne de montagnes se dessinent dans les neiges du nord, offrant un spectacle sinistre et menaçant. « Ce sont les monts Myjavik, constate Dyce, nous sommes allés trop loin à l'est. » Son visage barbu exprime une amère déception. Les monts Myjavik se dressent à présent entre la forteresse et vous. Pour les franchir, vous devrez abandonner chiens et traîneaux, porter votre matériel sur le dos et poursuivre votre chemin à pied. Il y a une autre possibilité, mais elle vous ferait perdre deux jours qui pourraient être précieux : il s'agirait de revenir en arrière jusqu'au glacier pour reprendre là votre route jusqu'à Ikaya. Si vous souhaitez abandonner les traîneaux et les chiens pour franchir à pied les monts Myjavik, rendez-vous au **12.** Si vous préférez perdre deux jours et revenir sur le glacier de Viad, rendez-vous au **238.**

301

« Nous sommes à l'étage où se trouve la salle du Trône du Brumalmarc », murmure Loi-Kymar en regardant à travers une fente de la porte de la cuisine, « elle est située au bout de ce couloir. » Deux Barbares des Glaces sont assis près des portes incrustées de pierreries qui donnent accès à la grande salle du Trône. Ils sont protégés de la tête aux pieds par d'étranges armures en os et armés d'épées de cristal. Le vieux magicien se tourne vers vous et dit : « Avec eux, il faut agir vite et en silence. » Il tire alors de ses poches trois bocaux et marmonne une incantation en mélangeant leur contenu dans un bol de pierre. Il prend ensuite un pichet d'eau dont il verse quelques gouttes sur la mixture : aussitôt, un filet de fumée bleue s'élève du bol. « Voici qui fera taire les gardes si nous parvenons à placer le bol suffisamment près d'eux. » Si vous maîtrisez la Discipline Kaï du Camouflage, rendez-vous au **122.** Si vous possédez la Discipline Kaï de la Maîtrise Psychique de la Matière, rendez-vous au **228.** Si vous maîtrisez la Discipline Kaï de la Chasse, rendez-vous au **347.** Si vous ne maîtrisez aucune de ces Disciplines, rendez-vous au **179.**

302

Vous descendez une hauteur de 60 mètres avant d'atteindre le fond de la crevasse. Il y règne une totale obscurité, à l'exception d'une petite lueur que l'on peut apercevoir au loin. Vous vous dirigez vers cette lueur, mais vous n'avancez que lentement et péniblement. De gros fragments de roc et de glace sont répandus çà et là sur le sol et, dans l'obscurité, vous vous y cognez sans cesse, en tombant quelquefois. Utilisez la *Table de Hasard* pour obtenir un chiffre. Si vous maîtrisez la Discipline Kaï du Sixième Sens, vous pouvez ajouter 2 au chiffre que vous aurez tiré. Si le total obtenu est de 0 ou 1, rendez-vous au **37.** De 2 à 7, rendez-vous au **193.** De 8 à 11, rendez-vous au **243.**

303

Vous insérez la Clé dans la serrure et vous la tournez dans le sens des aiguilles d'une montre. Un cliquetis vous indique que le mécanisme fonctionne. Peu à peu, la tige de la Clé s'enfonce dans le trou de la serrure et la Clé toute entière, vous glissant des doigts, y disparaît bientôt. Le grand couvercle de pierre s'ouvre alors, laissant apparaître un magnifique Casque d'Argent. Si vous souhaitez vous coiffer de ce Casque, rendez-vous au **308.** Si vous préférez le laisser là où il est, vous pouvez à présent poursuivre votre chemin en montant l'escalier. Rendez-vous pour cela au **323.**

304

Le Glaive puissant illumine le passage de son flamboiement d'or. Le Monstre d'Enfer pousse un hurlement aigu et bat en retraite, ses yeux rouges étincelant de haine et de peur. Il a reconnu en effet l'arme que vous brandissez, une arme dont le pouvoir signifie, pour ceux de son espèce, la mort et la destruction éternelle. Saisi de panique, il vous attaque en faisant usage de sa redoutable Puissance Psychique. Si vous ne maîtrisez pas la Discipline Kaï du Bouclier Psychique, vous perdrez 2 points d'ENDURANCE supplémentaires à chaque Assaut que vous livrerez contre cette créature. Sachez aussi qu'elle est elle-même invulnérable à votre propre Puissance Psychique, si vous maîtrisez cette Discipline Kaï. Cependant, le Monstre d'Enfer appartenant à l'espèce des morts vivants, vous aurez le droit de doubler tous les points d'ENDURANCE perdus par lui, cela en raison de la puissance du Glaive de Sommer.

MONSTRE
D'ENFER HABILETÉ : 22 ENDURANCE : 30

Si vous remportez la victoire, rendez-vous au **20.**

305

L'énorme bête roule à bas du traîneau et s'immobilise dans la neige. Fenor a réussi à allumer une torche et l'agite devant les deux autres Bakanals qui s'enfuient terrifiés. Vous saluez par des cris de joie la défaite des créatures et vous vous tournez vers vos courageux guides pour les féliciter. Vous êtes alors stupéfait de

305 *Ils ont déjà dépecé le cadavre du Bakanal que vous avez tué...*

voir qu'ils ont commencé à dépecer le cadavre du Bakanal que vous avez tué. Avec dégoût, vous voyez Dyce ouvrir le ventre de la bête sur toute sa longueur avec son couteau de chasse. Il écarte ensuite la peau et plonge les mains dans la graisse de l'animal. L'odeur qui se dégage de cette graisse est infecte, à tel point que les chiens Kanu eux-mêmes s'enfouissent le museau dans la neige pour essayer de ne pas la sentir. Lorsque enfin les deux guides commencent à s'enduire le visage et le corps de cette substance répugnante, vous avez du mal à en croire vos yeux. « C'est de l'huile de Bakanal, lance Fenor d'un ton réjoui, c'est ce qu'il y a de mieux pour se protéger contre le froid et l'humidité. » Il plonge à nouveau la main dans le cadavre de la bête et vous tend une poignée de cette gelée putride. Si vous souhaitez suivre son exemple et vous enduire à votre tour de cette graisse pestilentielle, rendez-vous au **8.** Si en revanche la perspective de sentir aussi bon qu'une bassine de roquefort rance ne vous séduit guère, rendez-vous au **281.**

306

Lorsque vous avez franchi l'arcade, vous remarquez un levier fixé dans le mur. Vous le tirez et une porte coulisse aussitôt, fermant le temple derrière vous. La température est plus élevée dans ce passage et vous entendez quelque part au loin un sourd grondement. Devant vous, vous apercevez une lueur, au bout du sombre couloir. Cette lueur filtre à travers une ouverture proche du sol et par laquelle vous distinguez un autre couloir, à trois mètres au-dessous. Si vous souhaitez vous glisser à travers cette ouverture et sauter dans le couloir en contrebas, rendez-vous au **206.** Si vous préférez poursuivre votre chemin le long du passage, rendez-vous au **6.**

307

Vous vous préparez à combattre et vous faites signe aux autres de passer à l'attaque. Les Barbares des Glaces ont tôt fait de mesurer le danger qui les menace et ils s'enfuient vers l'ouest. Vous avez alors la mauvaise surprise de constater qu'ils sont équipés de skis et peuvent ainsi s'échapper très vite. Chacun de ces Barbares vêtus de fourrure porte attaché dans le dos une tige au bout de laquelle flotte un étrange drapeau bleu. « Ce sont les éclaireurs d'un convoi de traîneaux, dit Irian, la main en visière pour se protéger de l'éclat de la neige, leurs « Banachs » bleus (c'est ainsi que l'on appelle leurs drapeaux) indiquent qu'ils escortent une expédition de marchands. Ils reviennent probablement du comptoir de Liouk. Leur convoi ne doit pas être à plus de quelques kilomètres, sept ou huit tout au plus. » Si vous souhaitez poursuivre votre chemin en direction d'Ikaya en essayant de prendre les Barbares de vitesse avant qu'ils ne puissent revenir avec des renforts, rendez-vous au **327.** Si vous préférez suivre ces éclaireurs vers l'ouest pour essayer d'en savoir plus au sujet de leur convoi, rendez-vous au **178.**

308

En dépit de sa taille, le Casque vous paraît léger et agréable à porter. Inscrivez-le sur votre *Feuille d'Aventure,* dans la case Objets Spéciaux. Chaque fois que vous en serez coiffé au cours d'un combat, il augmentera de 2 points votre total d'HABILETÉ. Le couvercle du coffre se referme lentement et vous quittez les lieux, enchanté de votre trouvaille. Vous poursuivez ensuite votre chemin le long du couloir et vous montez l'escalier. Rendez-vous au **323.**

309

Vous fouillez les cadavres des Barbares et vous découvrez, passée au cou de l'un d'eux, une chaînette à laquelle est accroché un Triangle de Pierre Bleue. Si vous souhaitez conserver cet objet, inscrivez-le sur votre *Feuille d'Aventure* dans la case Objets Spéciaux. Vous êtes affamé et vous dévorez gloutonnement la carcasse rôtie en ne cessant d'engloutir la viande que pour cracher parfois quelques os. Bientôt, vous remarquez que le feu allumé devant vous brûle dans une demi-sphère de métal. Une autre demi-sphère est posée sur le sol de glace, un peu plus loin, et vous constatez que les deux moitiés s'ajustent parfaitement pour former une sphère complète. Lorsque vous séparez à nouveau les deux moitiés, le feu continue de brûler à l'intérieur : c'est donc un feu perpétuel qui est enfermé dans ce globe. Si vous souhaitez conserver cette Sphère de Feu, rangez-la dans votre tunique et inscrivez-la sur votre *Feuille d'Aventure* dans la case Objets Spéciaux. Vous finissez alors les derniers restes de viande encore attachés aux os et vous retournez dans le tunnel. Rendez-vous au **132.**

310

Vous ouvrez la Sphère de Feu et, aussitôt, un mugissement sonore retentit à vos oreilles. Le cyclone s'immobilise et il ne s'approchera plus de vous tant que vous tiendrez dans vos mains la Sphère enflammée. Si vous souhaitez quitter le temple, rendez-vous au **306.** Si vous préférez examiner l'autel et l'alcôve qui l'abrite, rendez-vous au **72.**

311

Ce liquide vous est familier, il s'agit d'une décoction d'Alether, une Potion de Force dont vos maîtres Kaï se servaient pour augmenter leur HABILETÉ au combat. Cette fiole contient suffisamment de Potion d'Alether pour augmenter de 4 points votre total d'HABILETÉ *pour la durée d'un seul combat.* Vous devrez la boire juste avant le combat pendant lequel vous souhaiterez voir votre HABILETÉ ainsi accrue. Si vous voulez conserver cette Potion, inscrivez-la sur votre *Feuille d'Aventure* dans la liste des objets contenus dans votre Sac à Dos. Retournez à présent au **10** et faites un nouveau choix.

312

Vous essayez désespérément de dégager votre pied, mais le traîneau bascule déjà dans la crevasse. Vous êtes alors précipité dans le vide. Votre chute vous semble interminable et, tandis que vous tombez ainsi d'une hauteur de plusieurs centaines de mètres, les cris horrifiés de vos guides retentissent à la surface, de plus en plus lointains. Votre mission s'achève ici en même temps que votre vie.

313

Les cadavres des mutants sont étendus à vos pieds. Vous vous apprêtez à les enjamber pour attaquer la créature qui les commande mais, à ce moment, plusieurs autres de ces misérables monstres apparaissent aux côtés de leur maître. Ils sont trop nombreux pour que vous ayez une chance de leur résister et il vous faut donc vous enfuir au plus vite pour échapper à une mort certaine. Vous vous précipitez donc vers la porte par laquelle vous êtes entré et vous courez le long du couloir principal aussi vite que vos jambes tremblantes peuvent vous porter. Rendez-vous au **130.**

314

Vous parcourez encore une centaine de mètres le long de la paroi rocheuse, et vous découvrez alors une grande fissure : c'est l'entrée d'une grotte. Dans votre impatience d'échapper à la morsure du vent, vous vous hâtez d'y entrer et, dans l'obscurité, vous ne remarquez pas la crevasse qui s'ouvre dans le sol de la grotte. Vous tombez aussitôt tête la première dans les ténèbres, accompagné d'une avalanche de glace et de pierres. Rendez-vous au **240.**

315

Vous arrivez bientôt dans une vaste caverne où, sous la pression de la glace en mouvement, une immense crevasse s'est ouverte dans le sol. Elle fait une vingtaine de mètres de large et il n'y a apparemment aucun moyen de la traverser. En jetant un coup d'œil dans le gouffre, vous remarquez que des marches ont été grossièrement taillées dans la paroi, permettant ainsi de descendre dans les ténèbres. Si vous souhaitez descendre ces marches, rendez-vous au **302.** Si vous préférez revenir sur vos pas en direction de l'autre tunnel, rendez-vous au **125.**

316

Ce Bracelet dégage une aura de puissance qui vous met mal à l'aise. Les Barbares des Glaces fabriquent leurs armes à l'aide d'os et de dents. Il n'y a en effet aucune mine à Kalte et les métaux y sont considérés comme un bien rare et précieux, tous les métaux, pas seulement l'or. Or, d'après ce que vous savez, lorsque les Barbares des Glaces vont échanger leurs fourrures contre du métal, seul l'acier les intéresse. Ces cruels chasseurs sont tout à fait insensibles à l'art de la joaillerie. Vous en tirez donc la conclusion que ce Bracelet était porté par obligation et non par quelque souci de coquetterie. Vous pouvez prendre ce Bracelet d'Or et le passer à votre poignet ; inscrivez-le alors sur votre *Feuille d'Aventure* dans la case Objets Spéciaux. Si vous décidez de passer ce Bracelet à votre poignet, rendez-vous au **236.** Si vous préférez le laisser là, poursuivez votre chemin le long du couloir en direction du croisement situé plus loin ; rendez-vous pour cela au **215.**

317

La porte de pierre commence à s'ouvrir en grinçant, mais elle se coince brusquement alors qu'elle est simplement entrebâillée. L'ouverture ainsi ménagée ne fait guère plus d'une soixantaine de centimètres de large et vous parvenez tout juste à vous y faufiler. Derrière la porte, vous découvrez une pièce à la température glaciale et qui sent le renfermé. De toute évidence, il doit y avoir une éternité que personne n'est entré ici. Des étagères de pierre fixées au mur sont surchargées de bouteilles et de flacons tandis que, sur une table, au centre de la pièce, est posé un sac rempli de potions de différentes couleurs. Si vous souhaitez examiner ces anciennes potions, rendez-vous au **10.** Si vous préférez quitter les lieux et poursuivre votre chemin en direction du nord, rendez-vous au **126.**

318

Vous devinez que le Bakanal cherche désespérément quelque chose à manger. Votre Discipline Kaï, cependant, ne vous sera d'aucune utilité : en effet, à présent qu'il a senti l'odeur des chiens Kanu, il vous sera impossible de lui ordonner de quitter le campement. Vous n'ignorez pas que les Bakanals sont de courageux chasseurs qui n'ont peur de rien, ou plutôt, qui n'ont peur que d'une seule chose : le feu. Vous saisissez alors une torche, vous l'allumez et vous vous précipitez hors de la tente. Il fait nuit noire et il tombe une neige épaisse, mais un mouvement à votre droite trahit la présence du Bakanal qui s'avance vers vous. Au moment où il s'apprête à bondir, il aperçoit la flamme de la torche et pousse aussitôt un hurlement de terreur. Une seconde plus tard, il a fait volte-face et il disparaît dans la nuit. Les chiens Kanu sont sains et saufs, mais pour être sûr que les Bakanals ne reviendront pas, vous décidez, cette nuit-là, de prendre des tours de garde en conservant une torche et une arme à portée de main. Rendez-vous au **134.**

319

Vous visez soigneusement et vous jetez les Pièces d'Or dans le couloir. Alerté par ce bruit soudain, le guerrier tire son épée en os et va voir de quoi il retourne. Votre plan s'est révélé efficace : le Barbare est en effet à quatre pattes, en train de chercher les Pièces et il ne vous voit pas passer derrière lui. Vous pouvez à présent monter l'escalier. N'oubliez pas de déduire sur votre *Feuille d'Aventure* les Pièces d'Or que vous avez utilisées. Rendez-vous au **332.**

320

Vous parvenez à immobiliser l'enfant et à ôter de sa botte un poignard en os qu'il cherchait à atteindre pour vous frapper dans le dos. Les Barbares des Glaces, pendant ce temps, vous ont encerclé, mais ils n'osent pas vous attaquer tant que vous tenez un de leurs enfants en otage. Le poignard en os appuyé contre la gorge du jeune garçon, vous vous approchez prudemment du traîneau, mais vous vous rendez bientôt compte que vous ne parviendrez pas à distancer vos poursuivants sur un traîneau chargé. Il va falloir prendre rapidement une décision. Si vous souhaitez débarrasser le traîneau de son

320 *Les Barbares des Glaces vous ont encerclé.*

chargement, libérer l'enfant Barbare et vous enfuir sur le traîneau ainsi allégé, rendez-vous au **190.** Si vous préférez vous débarrasser du chargement mais garder l'enfant en otage au cours de votre fuite, rendez-vous au **33.**

321

Vous suivez ce souterrain glacé et sinueux sur plusieurs kilomètres avant d'arriver enfin dans une grotte. Un petit cours d'eau coule au milieu de cette caverne et un autre passage permet de continuer en direction du nord. Lorsque vous sautez le ruisseau, vous apercevez au fond de l'eau un petit Triangle de Pierre Bleue accroché à une chaînette. Si vous souhaitez conserver ce Triangle de Pierre Bleue, passez la chaînette autour de votre cou et glissez le Triangle sous votre tunique. N'oubliez pas ensuite d'inscrire l'objet sur votre *Feuille d'Aventure* dans la case Objets Spéciaux. Une lumière plus intense éclaire le passage orienté au nord et vous distinguez au loin une grande caverne. Rendez-vous au **235.**

322

Tandis que vous courez sur la surface glissante, la glace commence à se fissurer. En jetant un coup d'œil derrière vous, vous constatez que le Languabarb s'est arrêté au bord du lac. Il semble terrifié par l'ombre noire que vous aviez vu évoluer dans l'eau. Or, cette ombre vient justement de réapparaître à moins de cinq mètres de vous. La panique vous saisit et vous vous mettez à courir de plus en plus vite en priant le ciel que votre chance et la glace tiennent bon. Utilisez la *Table de Hasard* pour obtenir un chiffre. Si vous tirez le 0, le 1 ou le 2, rendez-vous au **153.** Si vous tirez un chiffre de 3 à 9, rendez-vous au **59.**

323

Vous montez plus de cent marches avant d'arriver enfin à un palier étroit. Utilisez la *Table de Hasard* pour obtenir un chiffre. Si vous maîtrisez les Disciplines Kaï du Sixième Sens, de l'Orientation ou de la Chasse, ajoutez 3 au chiffre que vous aurez tiré. Si vous obtenez un total de 0 à 4, rendez-vous au **76.** De 5 à 12, rendez-vous au **2.**

324

Tandis que le répugnant Akranionor meurt à vos pieds, vous voyez le traître bossu descendre de sa plate-forme et se précipiter vers une porte, un peu plus loin. Vous vous apprêtez à le poursuivre lorsque vous vous immobilisez soudain en découvrant le corps de Loi-Kymar étendu dans le fossé. Il est mort, tué au cours du combat psychique qui l'a opposé à Vonotar. La colère bouillonne en vous et vous brandissez votre arme en vous lançant à la poursuite de l'infâme renégat ; cette fois, vous êtes décidé à le tuer. La porte s'ouvre sur un long couloir au bout duquel se trouve une arcade fermée par des rideaux. D'un geste vif, vous écartez les rideaux et vous continuez à courir. Rendez-vous au **61.**

325

Le lendemain matin, le ciel est clair et il n'y a pas de vent. Les rayons du soleil percent une fine couche de nuages en baignant l'horizon d'une lueur rose pâle. Contemplant ce spectacle magnifique, vous vous rappelez ce que vous ont dit un jour vos Maîtres Kaï : la lumière de Kalte est unique, il n'en existe de semblable nulle part ailleurs, dans les terres de Magnamund tout au moins. Le matériel et la tente sont bientôt chargés sur les traîneaux et vous quittez le défilé pour vous aventurer sur la plaine de Hrod. Il vous faut désormais parcourir plus de 150 kilomètres d'une étendue glacée avant d'atteindre le défilé de la Tempête. Tout d'abord, le voyage ne présente pas de difficulté. Le vent a en effet balayé la plaine rendant le sol parfaitement lisse et aucune crevasse ne se cache sous la neige dure et compacte. A l'aube du troisième jour, cependant, les choses tournent mal. Vous êtes tiré d'un sommeil profond par Dyce qui vous secoue l'épaule. De toute évidence, il a l'air terrifié. « Que se passe-t-il ? » demandez-vous d'une vois endormie, le regard encore brouillé. « A l'horizon... Des Barbares des Glaces, répond Dyce d'une voix hachée, ils sont vingt, peut-être plus. Ils ont cinq traîneaux à voiles et une escorte de guerriers. Je crois bien qu'ils nous ont vus. » En un instant, vous vous arrachez tous à vos Couvertures de Fourrure et vous commencez à replier la tente. Dyce a raison, les Barbares des Glaces sont bien là, en effet, et ils se dirigent vers vous en venant de l'ouest. « S'ils nous attrapent, nous sommes morts, » avertit Fenor en achevant d'arrimer le matériel sur les traîneaux. Les Barbares des Glaces des terres de Kalte constituent une peuplade féroce et guerrière aux mœurs nomades. Pendant des millénaires, ils ont sillonné ces déserts glacés en chassant les animaux pour leur fourrure et en domestiquant des mammouths. Les seuls contacts qu'ils entretiennent avec le reste de Magnamund s'établissent au comptoir de commerce de Liouk. En été, lorsque la banquise a fondu autour de Liouk, ils se rendent dans la ville pour y échanger leurs fourrures contre les armes et les outils qu'ils ne peuvent fabriquer eux-mêmes, le bois et le fer n'existant pas à l'état naturel dans les terres de Kalte. Ces Barbares éprouvent une haine profonde pour tous les autres peuples et ils tuent sans pitié quiconque vient s'aventurer dans leur domaine de glace. Bientôt, vous entendez leurs cris de guerre, à moins de cinq kilomètres de distance et, pour la première fois depuis que vous êtes arrivé à Kalte, vous priez le ciel qu'un blizzard se lève pour vous permettre de leur échapper. Rendez-vous au **216.**

326

Au bout d'un moment d'intense concentration, l'image de la serrure se forme peu à peu dans votre esprit. Cette serrure est protégée par un enchantement, mais votre Discipline Kaï, soutenue par votre farouche détermination, finit par l'emporter. Vous entendez en effet un cliquetis indiquant que vos efforts ont été couronnés de succès. Vous avez dû, cependant, dépenser une énergie considérable et vous perdez 1 point d'ENDURANCE. Quelques instant plus tard, le lourd couvercle de pierre s'ouvre tout seul et silencieusement, laissant apparaître un magnifique Casque d'Argent. Si vous souhaitez vous coiffer de ce Casque, rendez-vous au **308.** Si vous préférez le laisser là où il est, vous pouvez poursuivre votre chemin en montant l'escalier ; rendez-vous pour cela au **323.** Enfin, si vous maîtrisez la Discipline Kaï du Sixième Sens, rendez-vous au **127.**

327

A mesure que vous approchez d'Ikaya, votre récente rencontre avec les Barbares des Glaces vous préoccupe de plus en plus. Allez-vous réussir à arriver avant eux ou bien sont-ils déjà en train de vous préparer une embuscade ? Irian et Fenor semblent tous les deux très inquiets et vous ne dites pas grand-chose tandis que vous parcourez ce trajet difficile. Vos soucis, cependant, vous font oublier d'autres dangers plus familiers : parvenu en effet, à une douzaine de kilomètres de la forteresse, la neige se dérobe soudain et vous êtes précipité dans une crevasse que vous n'aviez pas vue. Utilisez la *Table de Hasard* pour obtenir un chiffre. Si vous tirez un chiffre de 0 à 8, rendez-vous au **105.** Si vous tirez le 9, rendez-vous au **144.**

328

En dépit de sa frêle constitution, l'homme monte à la Corde avec une rapidité et une agilité surprenantes. Vous le hissez à travers l'ouverture et vous récupérez votre Corde. « L'escalier, dit-il en montrant l'obscurité, c'est par là que nous pourrons nous enfuir, mais il vaut mieux que vous passiez devant. J'ai en effet trop mal aux yeux pour y voir clairement : les séquelles de la cécité des neiges. » Vous rangez votre Corde dans votre Sac à Dos et vous avancez le long du passage. Vous vous apprêtez à descendre les marches lorsque des mains squelettiques vous saisissent par-derrière et se referment autour de votre cou. Un cri terrifiant trahit alors la véritable identité du prétendu « marchand ». C'est en fait un Monstre d'Enfer, un redoutable serviteur des Maîtres des Ténèbres, une créature qui a la faculté de changer d'apparence à sa guise. Le Monstre a réussi à vous convaincre de le libérer et il a maintenant l'intention de vous tuer. Vous tentez désespérément de reprendre votre souffle tandis que les phalanges décharnées de la créature vous déchirent et vous brûlent la gorge. Vous perdez aussitôt 6 points d'ENDURANCE. Si vous êtes toujours vivant, vous parvenez enfin à vous libérer de l'étreinte d'acier mais il vous faut à présent engager avec le Monstre un combat à mort. La surprise de l'attaque et la blessure que votre agresseur vous a infligée au cou vous interdisent d'avaler quelque Potion que ce soit avant de l'affronter. Si vous possédez le Glaive de Sommer, rendez-vous au **99.** Sinon, rendez-vous au **175.**

329

Ce sont des Languabarbs que vous entendez et ils sont trois en tout. Il s'agit là de créatures malfaisantes qui habitent les montagnes de Kalte. Prédateurs redoutables, leur gibier préféré est le Bakanal. Si vous vous êtes enduit le corps d'huile de Bakanal, rendez-vous au **202.** Sinon, vous pouvez éviter les Languabarbs en revenant sur vos pas, vers l'entrée de l'autre tunnel. Rendez-vous pour cela au **284.** Enfin, si vous souhaitez attaquer ces créatures, rendez-vous au **138.**

330

Vous parvenez bientôt au pied d'un escalier en colimaçon ; il semble qu'il n'y ait pas d'autre choix que de l'emprunter. Après avoir monté plus de deux cents marches, vous arrivez dans un couloir qui mène à un balcon. A une dizaine de mètres au-dessous, vous apercevez Vonotar le Traître qui fait face à deux guerriers Barbares. Il est en train de passer un bracelet d'or au poignet de l'un d'eux et, de toute évidence, il ne s'est pas aperçu de votre présence. Il n'existe pas d'escalier permettant de descendre dans la salle où se trouve Vonotar ; en revanche, vous découvrez une porte au bout du balcon. Si vous possédez une Corde, vous pouvez vous en servir pour descendre du balcon et tenter de capturer Vonotar ; rendez-vous alors au **100.** Si vous n'avez pas de Corde, vous pouvez redescendre l'escalier en colimaçon en vous rendant au **148.** Enfin, si vous préférez examiner la porte, au bout du balcon, rendez-vous au **61.**

331

Le lendemain, la température descend et un froid rigoureux s'installe. Des vents du nord amènent une grêle de glace qui vous cingle le visage et vos lèvres gercées se mettent à saigner. Vers midi, vous êtes pris dans un blizzard qui rend votre progression difficile et épuisante. Le vent violent vous force à descendre du traîneau pour le pousser. Vous êtes exténué, vos mains et vos orteils sont engourdis par le froid et la transpiration provoquée par vos efforts harassants a gelé sur votre peau, déposant à l'intérieur de vos mouffles et de vos bottes une couche de glace. Lorsque vous atteignez enfin le glacier, la nuit est presque tombée, et vous êtes tous si fatigués que vous avez à peine suffisamment de force pour dresser la tente et prendre un repas. La situation frise le désastre. Vos orteils, vos doigts et votre nez ont subi la morsure du gel et, à moins que vous ne maîtrisiez la Discipline Kaï de la Guérison, vous perdez 4 points d'ENDURANCE. Utilisez la *Table de Hasard* pour obtenir un chiffre. Si vous tirez un chiffre entre 0 et 4, rendez-vous au **62.** Entre 5 et 9, rendez-vous au **288.**

332

Au sommet de l'escalier, vous découvrez un vaste palier que traverse un couloir orienté nord-sud. Si vous souhaitez vous diriger vers le nord, rendez-vous au **104.** Si vous préférez aller au sud, rendez-vous au **69.** Enfin, si vous maîtrisez les Disciplines Kaï du Sixième Sens ou de la Chasse, rendez-vous au **249.**

333

La rapidité de vos réflexes vous a sauvé. L'extrémité de la lance du Barbare déchire en effet votre manche sans provoquer d'autres dommages. Un instant plus tard, cependant, l'éclaireur Barbare s'arrête, déchausse ses skis puis, d'un geste rapide qui traduit une longue habitude, il tire une épée en os. Il faut vous préparer à combattre. Rendez-vous au **68.**

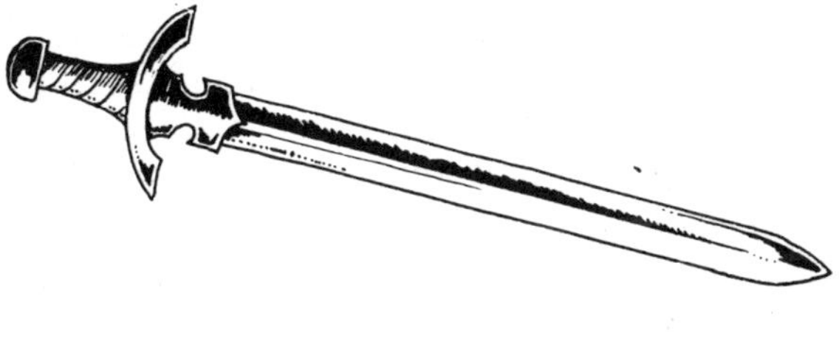

334

Un panneau s'ouvre à côté du pilier de droite, découvrant un compartiment secret dans lequel a été dissimulée une magnifique Pierre Rayonnante. Elle est tiède au toucher et ses facettes étincellent. Si vous souhaitez conserver cette

Pierre Rayonnante, glissez-la dans votre poche et inscrivez-la sur votre *Feuille d'Aventure* dans la case Objets Spéciaux. Si vous souhaitez appuyer à nouveau sur les boutons, rendez-vous au **65.** Si vous préférez quitter le temple, rendez-vous au **306.**

335

La paroi glacée offre de nombreuses prises, mais vous ne pouvez pas vous y agripper tant que vous portez vos mouffles ; en revanche, si vous ôtez vos mouffles, vous aurez sans nul doute à subir la morsure du gel. Si vous souhaitez risquer votre vie et vos mains, vous pouvez entreprendre l'escalade en vous rendant au **55.** Si vous préférez y renoncer, vous pouvez essayer de trouver une issue pour quitter la caverne en vous rendant au **182.**

336

Au bout d'une vingtaine de mètres, vous arrivez au pied d'un escalier dont vous montez les marches. Parvenu au sommet, vous apercevez un peu plus loin une faible lumière qui se répand sur le sol malpropre d'un nouveau couloir. Vous vous approchez de cette lueur et vous découvrez une ouverture aménagée dans la paroi. En regardant au travers, vous apercevez un vieil homme recroquevillé dans le coin d'une cellule, à 5 ou 6 mètres en contrebas. Ses cheveux sont longs et emmêlés et la saleté dont sa toge est incrustée a presque effacé les croissants de lune et les étoiles brodés sur l'étoffe. Si vous souhaitez appeler ce vieil homme, rendez-vous au **247.** Si vous préférez poursuivre votre chemin le long du couloir, rendez-vous au **30.**

334 *Un panneau s'ouvre découvrant une magnifique Pierre Rayonnante.*

337

L'éclaireur Barbare passe à côté de vous comme un éclair, puis il s'immobilise quelques mètres plus loin dans un impeccable christiania. Il déchausse aussitôt ses skis et, d'un geste rapide qui révèle une longue pratique, il tire une épée en os à l'aspect menaçant. Il faut vous préparer à combattre. Rendez-vous au **68.**

338

Vous enjambez les cadavres des Barbares des Glaces et vous apercevez à ce moment une créature grotesque qui vous observe, tapie au coin d'un couloir situé à votre gauche. La créature disparaît aussitôt et vous ne l'avez donc vue que l'espace d'un bref instant, mais la vision que vous en gardez suffit cependant à vous faire frissonner d'horreur. Cet être est en effet constitué d'une énorme tête humaine posée sur de grands pieds et pourvue d'une longue queue couverte d'écailles. La créature est vêtue d'une cape à capuchon, et de toute évidence, elle n'a pas de torse. L'image de cet être de cauchemar vous remplit de dégoût et vous vous demandez, le cœur battant, quelles autres monstruosités vous attendent encore. Si vous souhaitez vous lancer à la poursuite de l'étrange créature, rendez-vous au **87.** Si vous préférez fouiller les cadavres des Barbares des Glaces, rendez-vous au **26.**

339

Dix minutes plus tard, vos pieds et vos mains ont subi les effets du gel. Sur cette paroi exposée, les vents glacés soufflent à plus de 150 kilomètres à l'heure. Vous tenez bon pendant encore une demi-heure, mais le froid a finalement raison de vous : vous perdez connaissance et vous tombez d'une hauteur de 900 mètres. Faut-il préciser que votre mission s'achève ici en même temps que votre vie ?

340

Vous traînez les cadavres hors de la cuisine et vous les abandonnez derrière la porte secrète. Lorsque vous revenez, Loi-Kymar est occupé à examiner les bocaux remplis d'herbes qui sont alignés sur les étagères. Il prend plusieurs de ces bocaux qu'il range dans ses poches puis il en ouvre deux autres dont il mélange le contenu dans un petit bol de pierre. Il vous tend ensuite une poignée d'herbes sèches en vous conseillant de les manger. « Elles vous rendront vos forces, Loup Solitaire, » dit-il. Vous mangez les herbes au goût douceâtre et une chaleur bienfaisante rayonne aussitôt dans tout votre corps. Vous pouvez ajouter 6 points d'ENDURANCE à votre total actuel. Rendez-vous à présent au **301.**

341

Vous sentez la présence d'une force puissante derrière cette arcade baignée de brume. Et, tandis que vous vous concentrez, le souvenir vous revient d'une légende qu'on vous avait racontée dans votre enfance : la « Légende de la Porte de Vagadyn ». C'était l'histoire de Démons de Glace qui avaient mené une guerre pour pouvoir quitter leur monde et venir à Kalte. Ces créatures n'avaient pas de corps, pas de forme, pas de substance, elles n'étaient que pure énergie dans une autre dimension, au-delà des limites du temps et de l'espace. Or, les Démons de Glaces avaient découvert la Porte de Vagadyn, un seuil qui reliait leur monde à celui de Magnamund et ils se battaient entre eux pour passer cette Porte sans se douter du sort qui les attendait de l'autre côté. Car les Anciens, eux aussi, connaissaient l'existence du seuil de Vagadyn et, chaque fois qu'un Démon le franchissait, ils l'emprisonnaient dans un cristal, pour utiliser son énergie à bâtir la forteresse d'Ikaya. Les coupes de M'lare qui éclairent d'une lumière éternelle les souterrains d'Ikaya contiennent ainsi les esprits de Démons de Glace inférieurs qui y sont enfermés. Vous vous rappelez également que, dans ce conte, on promettait les pires malheurs à quiconque détruirait la prison de cristal d'un de ces Démons, car alors, la créature immatérielle chercherait à s'emparer du corps de son sauveur. Averti par la mise en pratique de votre Discipline Kaï, vous franchissez l'arcade baignée de brume. Rendez-vous au **264.**

342

Votre Discipline Kaï de l'Orientation vous révèle que le tunnel de droite est orienté à l'est et celui de gauche au nord. Vous vous trouvez en ce moment juste au-dessous du mont des

Brumes. Consultez la carte de Kalte qui figure au début de ce volume pour choisir le tunnel que vous allez emprunter. Si vous prenez le tunnel orienté à l'est, rendez-vous au **199.** Si vous préférez celui qui mène vers le nord, rendez-vous au **284.**

343

L'étroitesse de la cellule interdit à vos adversaires de vous attaquer tous en même temps. Vous devrez donc les combattre un par un en respectant l'ordre dans lequel ils sont disposés ci-dessous. Il est à noter que le Barbare des Glaces est insensible à la Discipline Kaï de la Puissance Psychique.

	HABILETÉ	ENDURANCE
Premier LOUP MAUDIT	15	24
Deuxième LOUP MAUDIT	14	23
Troisième LOUP MAUDIT	14	20
BARBARE DES GLACES	17	29

Si vous sortez vainqueur de ce quadruple combat, rendez-vous au **28.**

344

La porte de la forteresse est complètement lisse et ne comporte apparemment ni serrure, ni gond, ni trou de serrure. En examinant le mur d'à côté, vous découvrez cependant que l'un des blocs qui le constituent est différent des autres :

un petit triangle est en effet gravé à sa surface. Si vous possédez un Triangle de Pierre Bleue, rendez-vous au **41.** Sinon, rendez-vous au **147.**

345

Vous fermez les yeux et vous vous concentrez pour essayer de résister à la Force Mentale. Peu à peu, vous parvenez à surmonter votre douleur, juste assez longtemps pour pouvoir arracher le Bracelet de votre poignet et le jeter sur le sol. Maudissant votre malchance, vous poursuivez alors votre chemin d'un pas chancelant en vous dirigeant vers le croisement situé à l'extrémité du couloir. Rendez-vous au **215.**

346

Dyce saute de l'autre côté sans difficulté. Irian, lui, glisse et tombe, mais vous parvenez à le remonter à la surface grâce à la corde attachée à sa ceinture. Fenor et vous-même êtes toujours de ce côté de la crevasse et c'est à votre tour de sauter. Utilisez la *Table de Hasard* pour obtenir un chiffre. Si vous maîtrisez la Discipline Kaï de la Chasse, vous pouvez ajoutez 2 au chiffre que vous aurez tiré. Si le total obtenu est de 0 à 3, rendez-vous au **195.** De 4 à 11, rendez-vous au **232.**

347

Le couloir n'est que faiblement éclairé et votre grande habileté de chasseur doit vous permettre de vous approcher des gardes en vous glissant dans l'ombre sans être vu. Vous protégeant le nez des vapeurs qui s'élèvent du bol, vous avancez pas à pas le long du mur sans que les Barbares soupçonnent votre présence. Vous posez ensuite le bol à l'ombre d'un pilastre et vous retournez sans bruit vers la cuisine, attendant que les herbes produisent leur effet. Moins d'une minute plus tard, les Barbares des Glaces s'effondrent sur le sol. La voie est libre et vous pouvez vous diriger vers la salle du Trône du Brumalmarc en toute sécurité. Vous êtes alors ravi de constater que l'une des grandes portes incrustées de pierreries n'est pas fermée à clé. Vous tenant prêt à combattre, vous l'entrebâillez doucement et vous pénétrez dans le repaire de Vonotar. Rendez-vous au **173.**

348

Votre Discipline Kaï vous révèle qu'il existe, à moins de deux cents mètres en direction du sud, un réseau de grottes et de souterrains. Vous abandonnez alors votre traîneau et vous partez vers le sud pour essayer de découvrir quelque chose. Rendez-vous au **314.**

349

Avez-vous découvert et conservé, au cours de votre aventure, une Pierre Rayonnante ? Si vous êtes en possession de cet objet, rendez-vous au **139.** Sinon, rendez-vous au **97.**

350

La multitude de couleurs s'estompent et vous ressentez soudain une soudaine chute de température. Vous vous trouvez à présent sur la banquise de Liouk, à moins de 800 mètres de l'endroit où le Cardonal est ancré. Loi-Kymar et Vonotar sont auprès de vous et tous deux frissonnent dans la fraîcheur de l'air du matin. Quelques minutes plus tard, l'homme de vigie

du Cardonal vous aperçoit et une chaloupe est immédiatement mise à la mer pour venir vous chercher. Le capitaine vous accueille à bord du navire en vous félicitant pour votre courage et votre habileté tandis que Vonotar le Traître est hissé sans ménagement sur le pont et aussitôt enfermé à fond de cale. « Mais comment avez-vous fait pour revenir si vite ? demande le capitaine incrédule, nous ne vous attendions que dans dix jours. » « Disons, intervient Loi-Kymar que la sagesse d'un Seigneur Kaï et le savoir d'un magicien de la Guilde peuvent parfois vaincre le temps lui-même. » Une expression perplexe apparaît sur le visage du capitaine mais elle laisse place peu à peu à un sourire : il semble qu'il ait compris à demi-mot ce que le magicien voulait dire. Votre voyage de retour à Anskavern se déroule sans encombre, mais vous êtes quelque peu attristé, cependant, par le souvenir de vos guides courageux que vous avez dû laisser derrière vous. Votre arrivée dans le port de la côte sommerlundaise est attendue par une foule anxieuse de savoir ce qui s'est passé. On craint en effet que votre retour si prompt ne soit un signe que votre mission a échoué. Mais lorsque la nouvelle se répand que Vonotar le Traître a été capturé, il vous faut à nouveau montrer tous vos talents de guerrier. Et cette fois, ironie du destin, c'est Vonotar lui-même que vous devez défendre contre la foule déchaînée qui monte à l'assaut de la prison d'Anskavern pour lyncher l'infâme bossu. Vous parvenez malgré tout à protéger le prisonnier et à l'amener à Toran où l'attend son procès. A l'aube de la fête de Maesmarn, Vonotar le Traître est jugé par ses anciens compagnons, rassemblés dans les sous-sols du temple qui abrite la Guilde de l'Etoile de Cristal ; à l'issue des débats, il est reconnu coupable de tous les terribles crimes qu'il a commis. On le conduit alors en silence dans une salle du temple située loin dans ses profondeurs et où se trouve l'Aveugloir : il s'agit d'un point de passage vers d'infinies ténèbres, le seuil d'une prison éternelle de laquelle il est impossible de s'échapper. Vous êtes le vengeur de ses crimes et c'est à vous que revient la tâche de précipiter le traître abject dans les limbes de l'Aveugloir. Votre mission est désormais accomplie. Vous avez survécu aux Grottes de Kalte et libéré le Sommerlund de la menace que Vonotar faisait peser sur lui. Mais le feu des batailles et le défi d'une nouvelle qûête tout aussi désespérée vous attendent maintenant dans le quatrième volume de la série du Loup Solitaire intitulé :

LE GOUFFRE MAUDIT

TABLE DE HASARD

0	3	1	3	9	7	5	0	1	5
5	8	2	5	1	3	6	4	3	9
7	0	4	8	6	4	5	1	4	2
4	6	8	3	2	0	1	7	2	5
8	3	7	0	9	6	2	4	8	1
1	5	7	3	6	9	0	1	7	9
3	9	2	8	1	7	4	9	7	8
6	1	0	7	3	0	5	4	6	7
0	2	8	9	2	9	6	0	2	4
5	9	6	4	8	2	8	5	6	3

Table de

Quotient d'attaque

Chiffre donné par la table de hasard

	−11 ou inférieur	−10/−9	−8/−7	−6/−5	−4/−3	−2/−1
1	E −0	E −0	E −0	E −0	E −1	E −2
	LS T	LS T	LS −8	LS −6	LS −6	LS −5
2	E −0	E −0	E −0	E −1	E −2	E −3
	LS T	LS −8	LS −7	LS −6	LS −5	LS −5
3	E −0	E −0	E −1	E −2	E −3	E −4
	LS −8	LS −7	LS −6	LS −5	LS −5	LS −4
4	E −0	E −1	E −2	E −3	E −4	E [illegible]
	LS −8	LS −7	LS −6	LS −5	LS −4	LS −4
5	E −1	E −2	E −3	E −4	E −5	E −6
	LS −7	LS −6	LS −5	LS −4	LS −4	LS −3
6	E −2	E −3	E −4	E −5	E −6	E −7
	LS −6	LS −6	LS −5	LS −4	LS −3	LS −2
7	E −3	E −4	E −5	E −6	E −7	E −8
	LS −5	LS −5	LS −4	LS −3	LS −2	LS −2
8	E −4	E −5	E −6	E −7	E −8	E −9
	LS −4	LS −4	LS −3	LS −2	LS −1	LS −1
9	E −5	E −6	E −7	E −8	E −9	E −10
	LS −3	LS −3	LS −2	LS −0	LS −0	LS −0
0	E −6	E −7	E −8	E −9	E −10	E −11
	LS −0	LS −0	LS −0	LS −0	LS −0	LS −0

E = Ennemi - LS = Loup Solitaire

coups portés

0/0	+1/+2	+3/+4	+5/+6	+7/+8	+9/+10	+11 OU SUPÉRIEUR	
E -3	E -4	E -5	E -6	E -7	E -8	E -9	1
LS -5	LS -5	LS -4	LS -4	LS -4	LS -3	LS -3	
E -4	E -5	E -6	E -7	E -8	E -9	E -10	2
LS -4	LS -4	LS -3	LS -3	LS -3	LS -3	LS -2	
E -5	E -6	E -7	E -8	E -9	E -10	E -11	3
LS -4	LS -3	LS -3	LS -3	LS -2	LS -2	LS -2	
E -6	E -7	E -8	E -9	E -10	E -11	E -12	4
LS -3	LS -3	LS -2	LS -2	LS -2	LS -2	LS -2	
E -7	E -8	E -9	E -10	E -11	E -12	E -14	5
LS -2	LS -2	LS -2	LS -2	LS -2	LS -2	LS -1	
E -8	E -9	E -10	E -11	E -12	E -14	E -16	6
LS -2	LS -2	LS -2	LS -1	LS -1	LS -1	LS -1	
E -9	E -10	E -11	E -12	E -14	E -16	E -18	7
LS -1	LS -1	LS -1	LS -0	LS -0	LS -0	LS -0	
E -10	E -11	E -12	E -14	E -16	E -18	E T	8
LS -0	LS -0	LS -0	LS -0	LS -0	LS -0	LS -0	
E -11	E -12	E -14	E -16	E -18	E T	E T	9
LS -0	LS -0	LS -0	LS -0	LS -0	LS -0	LS -0	
E -12	E -14	E -16	E -18	E T	E T	E T	0
LS -0	LS -0	LS -0	LS -0	LS -0	LS -0	LS -0	

T = Tué sur le coup

Achevé d'imprimer
le 9 Avril 1986
sur les presses de
l'Imprimerie Hérissey
à Évreux (Eure)

N° d'imprimeur : 39791
Dépôt légal : Avril 1986
1er dépôt légal dans la même collection : Juin 1985
ISBN 2-07-033296-9

Imprimé en France

37830